建築 設計 製図

住吉の長屋・屋久島の家・東大阪の家に学ぶ

貴志雅樹：監修　　松本 明、横山天心：著

学芸出版社

はじめに

　製図の教科書を、いつか手掛けたいと考えていました。私は40年ほど前に、安藤忠雄建築研究所のスタッフとして〈住吉の長屋〉の担当をしておりました。矩計図を描きながら、屋上のシート防水の立上がりの納まりと逆梁の寸法、1階、2階の中庭側スチールサッシの納まりなど検討していた時、現場から帰ってきた安藤さんとこのような会話をしました。

　安藤さん　「実施設計図はできたか」
　貴志　　　「今、詳細図を描いています」
　安藤さん　「責任の持てんことは、いいかげんに描くな。やめとけ」

　私は、ディテール集などで調べながら描いているつもりでしたが、素材、工法、意匠的な意図など、全てを考え、また、全てを知って描いているとはいえなかったのです。当時は安藤さんの指摘を正確に理解できていませんでしたが、設計という仕事に関わるほど、1枚の図面のもっている意味の大きさに気づきました。設計者の描いた1枚の図面は、50倍、100倍になって、施工会社によって実際につくられるのです。安藤さんはその1枚の図面を、実物の建築と等価に見ていたに違いありません。それ以来、機会があれば建築を学ぶ学生が初めて描く建築図面の意味、重要さ、面白さに少しでも触れてもらえる本を手掛けたい、との想いがあり、本書の執筆に至りました。
　本書では以下の4つの基準によって、掲載する3つの住宅作品を選定しました。

① 著名な建築家が設計した名作住宅であること
② 外部空間を取り込んだシンプルな箱型の住宅であること
③ 設計当時の手描きの図面が掲載可能なこと
④ 木造、鉄骨造、鉄筋コンクリート造（RC造）といった構造種別が明快であること

　まず、①に挙げた建築家の住宅は、皆さんがこれまで慣れ親しんできたハウスメーカーなどの手掛ける量産型の住宅とは異なり、土地固有の環境や家主の想いが丁寧に読み解かれています。住むことの本質を捉えなおし、細部まで設計者の思想や流儀が徹底して反映された住宅から、新たな価値や魅力を設計する姿勢を学んでほしいと考えます。②には、ミース・ファン・デル・ローエの著名な格言「Less is More（より少ないことはより豊かなことである）」にあるように、複雑な空間構成でなく、極限まで削ぎ落とされた単純明快な空間構成にも多様性や豊かさを生み出せることを知ってほしい、という思いを込めています。3つの住宅はどれも単純な箱型の建築でありながら、外部空間を取り込むことで豊かで美しい空間が実現していることがわかるでしょう。③に示す手描き図面の参照も重要です。本書に掲載した折図から、図や文字の細部まで配慮の行き届いたオリジナルの図面にみられる緊張感や、建築家が図面に込めた想いを肌で感じ取ってほしいと思います。そして最後に④の構造種別です。本書で取り上げるのは小規模建築の基本構造である木造、鉄骨造、鉄筋コンクリート造（RC造）に限定しています。構造といえば、他にも、組積造や鉄骨鉄筋コンクリート造（SRC造）やプレキャストコンクリート造、さらにそれらが組み合わさった混構造などさまざま挙げられますが、まずは3種の基本構造の違いを単純な空間構成で明快に示し、それぞれの構造および構法への理解を深めてほしいと考えました。
　上記の基準によって、木造は堀部安嗣さんの〈屋久島の家〉、鉄骨造は岸和郎さんの〈東大阪の家〉、鉄筋コンクリート造は安藤忠雄さんの〈住吉の長屋〉を選びました。

　これから皆さんが学ぶ「図面の模写（トレース）」は、単に図面を描き写すだけの作業ではありません。三角スケールで各寸法を確認し、かつ、線の太さや線種の意味を考えながら線を描き、建築家が図面に込めた想いを読み解く作業です。時間をかけてじっくりと取り組むことで、建築への理解がより深まっていくことでしょう。

貴志雅樹

目次

はじめに …………………………………………………… 2

prologue 住宅を考える ……………………………………… 4
戦後住宅の変遷
3つの住宅の特長

設計図面とは ……………………………………… 6
設計のプロセスに応じた図面
手描きの図面とCADの図面

折図 1-6　3つの住宅の原図
1-2　〈住吉の長屋〉1階平面図兼配置図・断面図兼アクソメ図
3-4　〈屋久島の家〉1階平面図・立面図・矩計図
5-6　〈東大阪の家〉3階平面図・断面図

折図 7-8　S=1/50 スケールによる平面図の比較
住吉の長屋・屋久島の家・東大阪の家

chapter 01　住吉の長屋　7

Introduction 〈住吉の長屋〉について …………………………… 8

section 01　平面図とは ………………………………… 12
1階平面図を描く
2階平面図を描く

section 02　断面図とは ………………………………… 20
断面図Aを描く

section 03　立面図とは ………………………………… 26
西立面図を描く

section 04　パースを描く ……………………………… 28
1点透視図を描く
2点透視図を描く

section 05　模型をつくる ……………………………… 33

column　読解〈住吉の長屋〉 ………………………… 36

chapter 02　屋久島の家　37

Introduction 〈屋久島の家〉について …………………………… 38

折図 9-10　〈屋久島の家〉平面図・立面図・矩計図

section 01　木造軸組構法とは ………………………… 40

section 02　平面図を描く ……………………………… 42
1階平面図を描く

section 03　矩計図を描く ……………………………… 46

section 04　構造伏図を描く …………………………… 48
基礎伏図・床伏図・小屋伏図を描く

section 05　配置図を描く ……………………………… 51

section 06　軸組模型をつくる ………………………… 52

column　読解〈屋久島の家〉 ………………………… 56

chapter 03　東大阪の家　57

Introduction 〈東大阪の家〉について …………………………… 58

section 01　基本図面を描く …………………………… 60
平面図を描く
立面図を描く
断面図を描く

section 02　展開図を描く ……………………………… 66

section 03　構造図を描く ……………………………… 68

section 04　階段詳細図を描く ………………………… 70
らせん階段・直階段を描く
折り返し階段を描く

section 05　アクソメ図を描く ………………………… 74

column　読解〈東大阪の家〉 ………………………… 76

chapter 04　資料編　77

section 01　製図の基本 ………………………………… 78
製図を始める前に
線の太さと線種、文字の書き方
図面の種類と役割
図面の表示記号
建築図面の図法

section 02　建築設計の流れ …………………………… 84
設計のプロセス
スケッチとエスキース
3つの住宅を読み解くキーワード
プレゼンテーションをする
模型と模型写真
ダイアグラムをつくる

戦後の住宅の変遷

戦後復興とライフスタイルの欧米化の中で

戦前までは、建築家が設計した住宅というと富裕な特権階級のためのものであり、庶民の住宅は町の大工の棟梁が設計し、建てていました。第2次世界大戦が終戦した1945年以降は、戦中の空襲などによって多くの住宅が失われ、420万戸もの住宅が不足し、さらに建設資材も欠乏していました。政府はそれらの対応策として建設できる住宅の規模を制限したため[1]、住宅の新たな標準化と量産化が当時の建築家の急務の課題となりました。

1946年に前川國男が提案した〈プレモス7号〉に代表されるように[2]工場生産を前提としたプレファブ住宅の提案が次々と発表されます。

また、1947年に出版された西山夘三の『これからのすまい』は戦後住宅の指標となり、1950年以降、池辺陽による〈立体最小限住居〉(図1)、広瀬鎌二による〈SH-1〉(図2)などにみられるように[2]、建築家による数々の最小限の戸建住宅が提案されました。同時に集合住宅においては、食寝分離を導入した「公営住宅標準設計51C型」が吉武泰水らによって提案され、後の公団住戸の原型になります[3]。

このように戦後から1960年前半は、建築家が標準化と量産化を見据えた提案によって住宅の民主化を牽引し、そのノウハウは後のハウスメーカーの礎となりました。

急激に高密度化する都市環境の中で

1966年、政府は「住宅建設5箇年計画」として1世帯1住宅を謳い、マイホームの実現が多くの国民の目標となりました。また、東京オリンピック(1964年)や大阪万博(1970年)といった国家プロジェクトと相まって都市やその周辺のニュータウンが整備され、建築家への要請も住宅から都市施設へと移行していきました。

しかし、急速な開発の弊害である公害など、60年代は高密度化する都市環境が必ずしも安全で良好なものではなくなりました。そのため、60年代後半から70年代は都市の中での住宅のあり方が大きな主題となり、東孝光による〈塔の家〉(図3)や毛綱モン太による〈反住器〉(図4)、原広司による〈原邸〉(図5)、篠原一男による〈上原通りの住宅〉(図6)などにみられるように[4]、周辺環境から閉じ、建築内部の自律性を表現した住宅が、若手建築家によって数多く提案されました。本誌で取り上げた安藤忠雄による〈住吉の長屋〉も、当時を代表する都市住宅のひとつです。

気ままで儚い消費社会の中で

1980年代と1990年代前半は、株や不動産の過度な高騰が経済全体を活性化させたバブル景気によって、多くの資金が土地や建物に注ぎ込まれました。都市公害も一段落し、急速な再開発により次々に変容する都市環境は、もはや住宅にとって閉じるべき対象ではありませんでした。

伊東豊雄による〈シルバーハット〉(図7)、山本理顕による〈ROTUNDA〉(図8)、坂本一成による〈House F〉(図9)にみられるように[5]、当時流行していたポストモダニズム思想とコンピュータによる構造解析の発達も相まって、以前より自由な形態で軽やかに都市と呼応する住宅が提案されました。

価値観が多様化する成熟社会の中で

1991年、バブル経済の崩壊により長らく続いてきた安定成長期が終わり、景気低迷が続く「失われた20年」が始まります。所有する不動産が不良債権化し、都市開発への熱気は一気に冷め、建築業界にも閉塞感が蔓延しました。さらに箱物行政の見直しにより、新築よりも現在ある建物をいかに有効活用するかが求められます。

住宅においてもリフォームやリノベーションが増えるなど、周辺環境や経済状況や多様な価値観に適合するあり方が求められるようになります。

アトリエ・ワンによる〈ミニハウス〉(図10)、五十嵐淳による〈風の輪〉(図11)、妹島和世による〈梅林の家〉(図12)など[6]、ヒロイックな住宅ではなく、場所性を重視し、周辺環境と積極的に関係をもつ他律的な住宅のあり方が探求され、なかには草の根的に都市環境を変えていこうとする試みも実践されています。本誌で取り上げた岸和郎による〈東大阪の家〉も、堀部安嗣の〈屋久島の家〉も、当時を代表する住宅のひとつです。

このように、半ば強引に社会状況に合わせて戦後住宅の変遷をまとめましたが、たとえ個人住宅であっても、建築は社会の産物であり、時代状況と深く関わっていることが概観できたのではないでしょうか。これからは、その建築がどのように時代を捉え、いかに社会との関わりをもって設計されたのかにも着目してみてください。

1. 立体最小限住居

2. SH-1

3. 塔の家

4. 反住器

5. 原邸

6. 上原通りの住宅

7. シルバーハット

8. ROTUNDA

9. House F

10. ミニハウス

11. 風の輪

12. 梅林の家

3つの住宅の特長

　この本で取り上げた〈住吉の長屋〉〈屋久島の家〉〈東大阪の家〉は、製図の題材として適しているだけではなく、それぞれの建築条件や周辺環境に対する考え方、構造、空間構成などに独自の応答をしています。都市や自然環境の中で、採用された鉄筋コンクリート造、木造、鉄骨造の3つの構造形式、そして内部の空間構成の特長を比較してみることで、設計の意図やデザインについて深く学ぶことができるでしょう。

構造形式（鉄筋コンクリート造、木造、鉄骨造）

　3つの住宅のそれぞれ異なる構造形式は、空間構成と密接な関係をもち、住まいとしてだけでなく"空間を構築し創造する"建築の可能性が多分に追求されています。たとえば、鉄筋コンクリート造は外部を遮断した閉鎖的な構成[7]に、鉄骨造は軽快な空間をつくりだすのに適しています。木造と同じ軸組構法である鉄骨造は、面である壁と開口部の組み合わせ方が空間の開放と閉鎖を決定します。

　〈住吉の長屋〉はもともと長屋が立ち並んでいた一角に、鉄筋コンクリートの壁によって周囲から閉ざされた中庭と、そこに向かってのみ開く内部空間で構成されています。建築が自然（光や風）と対峙するような生活空間をつくりだし、住宅に求められる一般的な便利さや快適性に対する批判的な意味をもっています。コンクリート打放しの壁は構造体でありながら、そのまま外部と内部の仕上げでもあり、余分なものをそぎ落としたシンプルで強い表現は、現代の機能偏重な建築に対して、住宅の原点を思い起こさせてくれます。
　　　　　　　　　　⇒【p.36 column 読解〈住吉の長屋〉】

　大自然の中に建つ〈屋久島の家〉は、都市型住宅とは成立要件が大きく異なります。屋根下のテラスは、中庭形式に通ずるものがあり、シンプルな構成は住吉の長屋とも共通していますが、広々とした敷地のなかに水平方向に伸びる木造平屋の佇(たたず)まいは、自然と調和しつつも、重厚な存在感を与えます。しかしこのような自然は、ときには過酷な猛威となり、それに耐えるための配慮がこの住宅を決定づけています。
　　　　　　　　　　⇒【p.56 column 読解〈屋久島の家〉】

　〈東大阪の家〉は、〈住吉の長屋〉とよく似た都市環境の中に建っていますが、住宅としての建ち方や空間構成は大きく異なっています。中庭のある3階建の住宅で、通りに面した格子とガラスの繊細なデザインによって、現代の住宅に求められるプライバシー、採光や通風を同時に成り立たせています。鉄骨造の長所を生かし外部とゆるやかにつながる豊かな空間は、都市住宅の普遍性につながるものといえるでしょう。
　　　　　　　　　　⇒【p.76 column 読解〈東大阪の家〉】

空間構成（中庭）

　住吉大社の近くにある狭い通りに面した〈住吉の長屋〉の、限定的な玄関がひとつだけ開いた外観は、とても閉鎖的な印象を受けます。しかし一旦中に入ると、空に向かって開かれた中庭によって、とても開放的な空間が実現しています。すべての部屋に、光と風は中庭から取り込まれます。全面ガラスで隔てられた室内と中庭は、外観とは対比的な関係です。これに対して〈東大阪の家〉は、室内の奥に中庭が位置し、内部の補完的な役割をもっています。前面の道路側のテラスも同じ扱いといって良いでしょう。〈住吉の長屋〉と異なり、内部が外部よりも優位に扱われていることがわかります。一般的に、狭小で隣家の迫る厳しい敷地の制約は、都市住宅が向き合う主要な課題です。壁で周囲を遮断し、純粋な内部空間を有する鉄筋コンクリート造の建ち方と、大きな開口部を設けることができて周辺環境と応答するような鉄骨造の建ち方の違いは、その課題に向き合った結果です。どちらも、都市における人間の住まいのあり方にきわめて示唆に富む住宅です。

　一方〈屋久島の家〉は広大な自然の中に建つので、自然環境に対する調和と防御を純粋に追求した構成といえます。自然の脅威と恵みを享(きょうじゅ)受すべく配置された中心のテラスは、シンプルでありながら内外の空間のつながり方に両義的な性格をもっています。

　このようにひとつの住宅においても、都市や自然といった環境まで視野にいれ、適切な構造を選択し、空間構成の可能性を追求することが設計行為の根底におかれています。

〈住吉の長屋〉（撮影：安藤忠雄）

〈屋久島の家〉（撮影：堀部安嗣）　〈東大阪の家〉（撮影：平井広行）

註
1) 1947年、臨時建築等制限規則の制定で12坪（約39.6㎡）以上の住宅建設が禁止され、その後1948年に15坪（約49.5㎡）に緩和されたが、1950年に公布された住宅金融公庫の融資対象面積は9～18坪（30～60㎡）に制限されていた
2) その他、清家清〈斎藤助教授の家〉、増沢洵〈最小限住居〉など
3) 棚橋諒〈桐2号・復興組立住居〉、牧野清〈パネル組立住宅〉など
4) その他、鈴木恂〈石亀邸〉、林泰義＋富田玲子〈起爆空間〉、宮脇檀〈松川ボックス〉、藤井博巳〈宮島邸〉、伊東豊雄〈中野本町の家〉など
5) その他、篠原一男〈ハウス・イン・ヨコハマ〉など
6) その他、西沢立衛〈森山邸〉、三分一博志〈エアーハウス〉など
7) 鉄筋コンクリート造には柱・梁で建物を支えるラーメン構造と、壁自体が構造体となる壁式構造があるが、ここでは主に壁式構造のことを指す

設計のプロセスに応じた図面

　設計のプロセスとそれに応じた図面は目的に応じて表現する内容が変化するため、設計のプロセスに応じて適切な図面表現を選ぶ必要があります。日本建築学会編『第3版コンパクト設計資料集成』(丸善、2005) では、建築図面を設計のプロセス順に、以下に挙げる3つの種類に大別しています。

1. 考えるための図面

　案を生み出し、発展させるための図面のことをエスキースといいます。建築をまとめる際には、周辺環境との対応、空間のかたち、建設材料、構法や工法、コスト、構造や設備による技術的な裏付けなど、実に様々な内容を多角的に統合しなくてはいけません。それらは初めから、多角的に検討されているのではなく、それらの幾つかが発案の起点となり、作図を重ねることで、徐々に多角的に検討されていきます。

2. 見せるための図面

　クライアント(施主・発注者)に対して、構想した建築の特徴を正確に伝えることを目的とした図面で、平面図や立面図や断面図のみでなく、パースやアクソメなどの立体図やダイアグラムなどを用いて、一般の人にも理解できるシンプルで明快な作図表現が求められます。

3. つくるための図面

　セルフビルドでない限り、建築を建設する際には、実に多くの職種の人々(構造設計者、設備設計者、積算業者、現場監督者、各種職人、審査・検査機関の人など)との共同作業となります。図面を介して、それらの人々とコミュニケーションするためには、図面には、誰が見ても同じ情報を読み取ることできるよう、作図ルール(JIS・ISOや慣習的なもの)が決められています。

　ここでは、見せるための図面、つくるための図面を中心に作図解説をすることで、作図ルールを学んでもらいます。
　次の折図は、本書で取り上げる3つの住宅の図面です。安藤忠雄が設計した〈住吉の長屋〉、堀部安嗣が設計した〈屋久島の家〉、そして岸和郎が設計した〈東大阪の家〉の手描き図面を掲載しています。さらに1/50という同一スケールで、各住宅の主要平面のCAD図を掲載しました。並べてみると、それぞれの建物外形の大きさの違いや、構造種別による建築の成り立ちの違い、同じ中庭をもつ平面計画の共通性などが読み取れると思います。

手描きの図面とCADの図面

　現在、設計の現場では、図面の作図にはCAD (Computer Assisted Drawing) が用いられ、手描きの図面はほとんど見られなくなりました。手描きの作図に比べCADでの作図は、修正や複製が容易であり、縮尺も自由に変更できます。さらに、作図技法の熟練度にかかわらず、同じ操作であれば同じ作図表現が得られます。このことから、複数の人で同じ図面を同時に進めることも可能であり、他の図面データの参照、引用により、合理的で効率的に作図することが可能となりました。一方で、手描きの図面には、作図技法に作図者の独特の差異があるため、特有の作図表現が可能となっており、単に施工者に情報を伝達するだけでなく、その建築家の思想や流儀も表現しうるものでした。またCADはデータがオリジナルであり、図面は出力することでいつでもどこでも無限に複製できるのに対し、手描きの図面は、唯一無二であり、実体となる建築と同等に、設計者が心血を注いで作成してきたものでした。　このように、手描き図面とCAD図面にはそれぞれ短所と長所がありますが、初めて建築製図を学ぶ学生には、手描きでの作図を通して、作図表現の基礎とルール、線を引くことの意味を、身体感覚をともなって修得してもらいたいという理念のもと、本書では、できるだけ著名な建築家の名作住宅の手描きの原図を引用し、わかりやすく手順をおって説明することにこだわりました。原図やCAD図をじっくり眺めたり比較したりすることで、各々の建築家が図面に込めた想いを読み取ってみましょう。

　なお、本書に掲載した一部の図面には竣工時と部分的に異なる箇所があります。さらに紙面の都合上、実際の図面をそのままの縮尺で掲載できないため、縮小して掲載しているものもあります。

　同様に、模写の見本となる図面や作図手順の解説図も、縮小した縮尺で掲載されているものがあります。模写する際は、必ず見本となる完成図の縮尺を確認し、必要に応じて拡大したものを参照してください。

主要な図面の掲載縮尺と推奨する作図縮尺の対応表
(細字の図面名:部分的に簡略化すれば作図可能な図面)

住宅名	住吉の長屋	屋久島の家	東大阪の家	掲載縮尺	拡大率	作図縮尺
図面名	1点透視図			1/50	250%	1/20
	2点透視図			1/80	160%	1/50
	平面図* **立面図** **断面図***	**平面図***	**平面図*** **断面図*** **展開図**	1/100	200%	1/50
	平面図 立面図 断面図	立面図 断面図	平面図 立面図 断面図		100%	1/100
			内観アクソメ図	1/150	150%	1/100
			外観アクソメ図	1/200	200%	
	配置図			1/1000	200%	1/500
備考 (*)	折図1 (原図) 平面図 S=1/50 折図2 (原図) 断面図 A S=1/50 折図7 平面図 S=1/50	折図8 1階平面図 S=1/50	折図5 (原図) 3階平面図 S=1/50 折図6 (原図) 断面図 A S=1/50 折図7 2・3階平面図 S=1/50			

※この表に掲載していない図面は全て等倍で作図してください

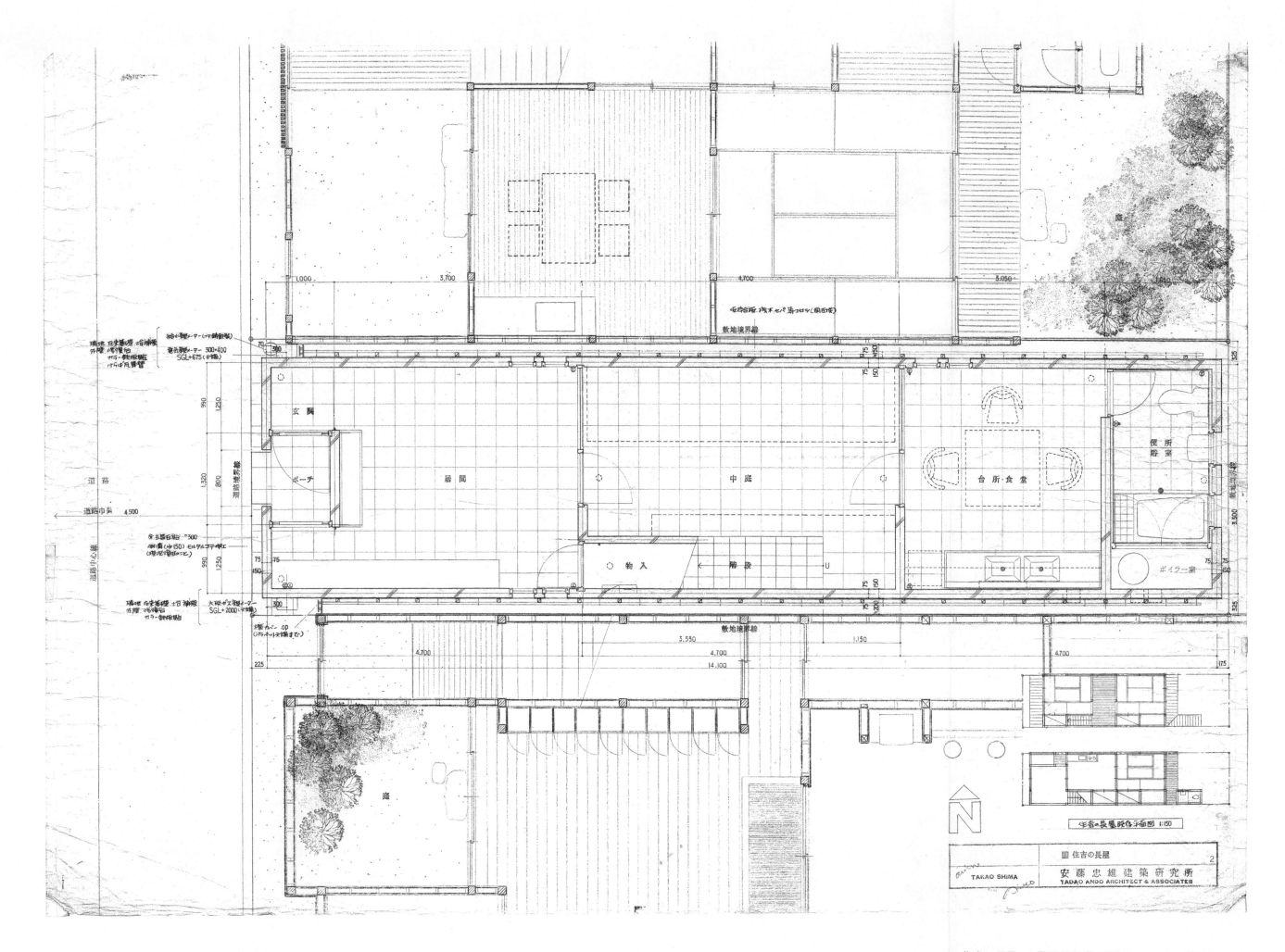

住吉の長屋　1階平面図 兼 配置図　S=1/50　（原図 S=1/30）

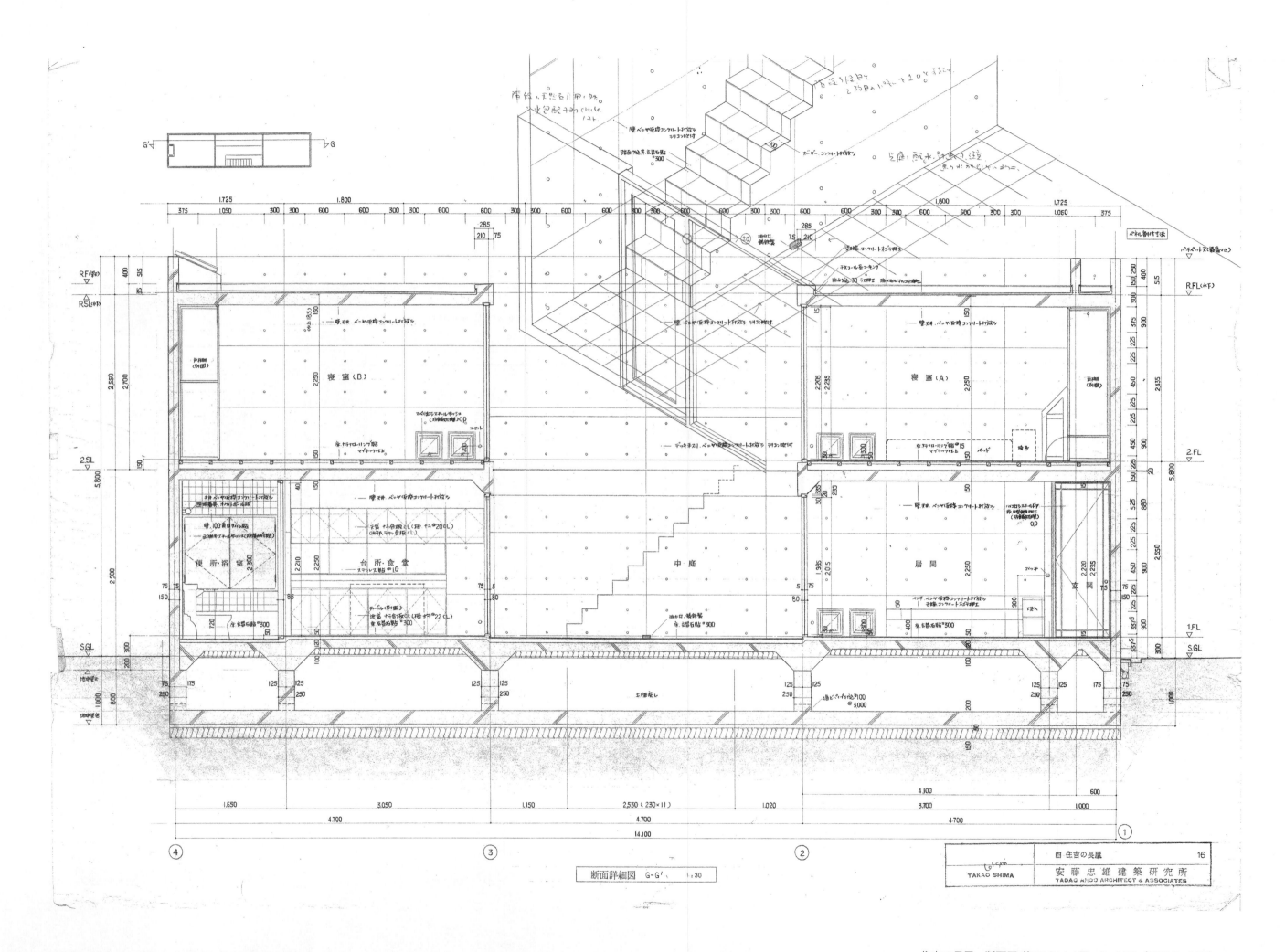

住吉の長屋　断面図 兼 アクソメ図　S=1/50　(原図 S=1/30)

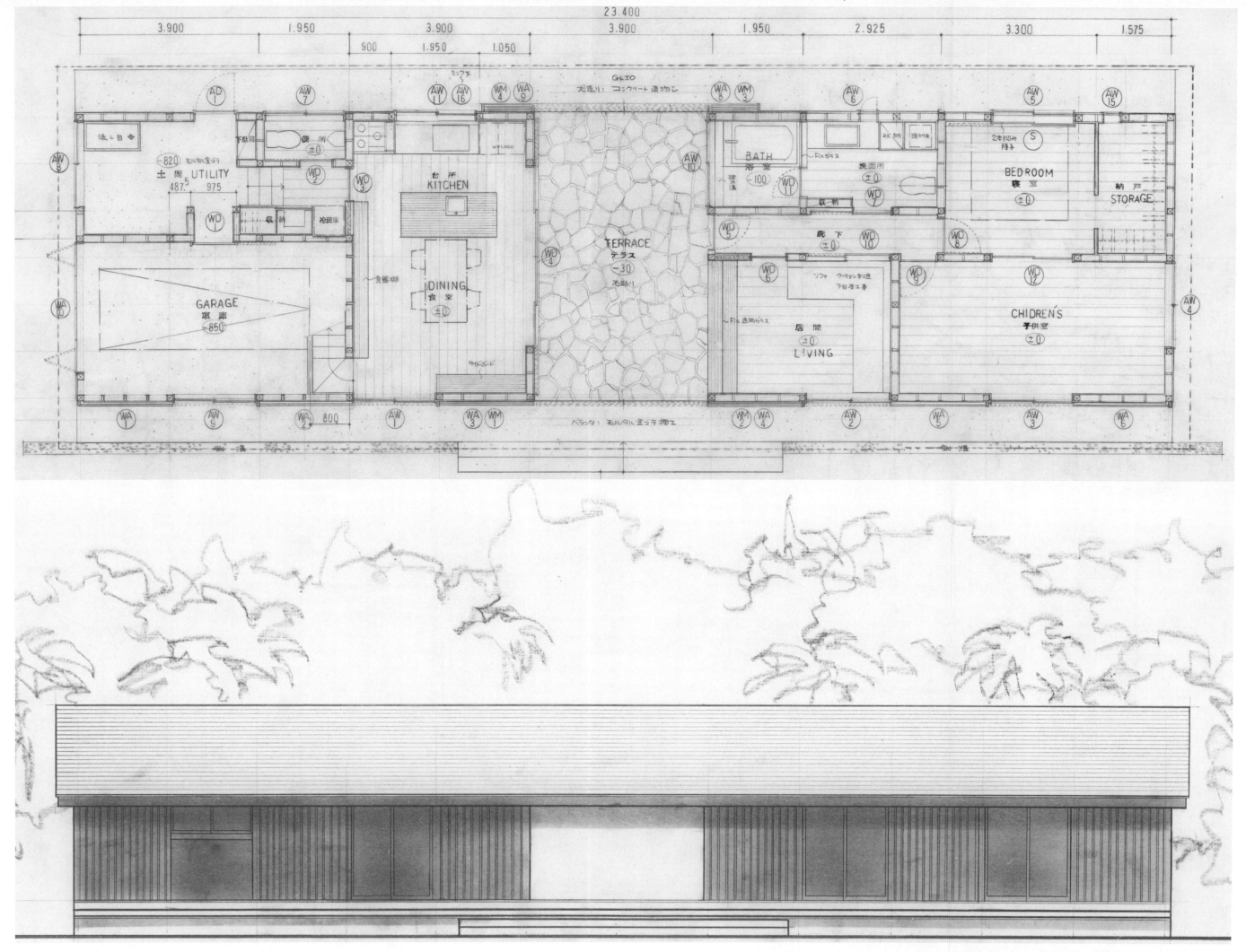

屋久島の家　1階平面図・立面図　S=1/70　（原図 S=1/50）

折図 4

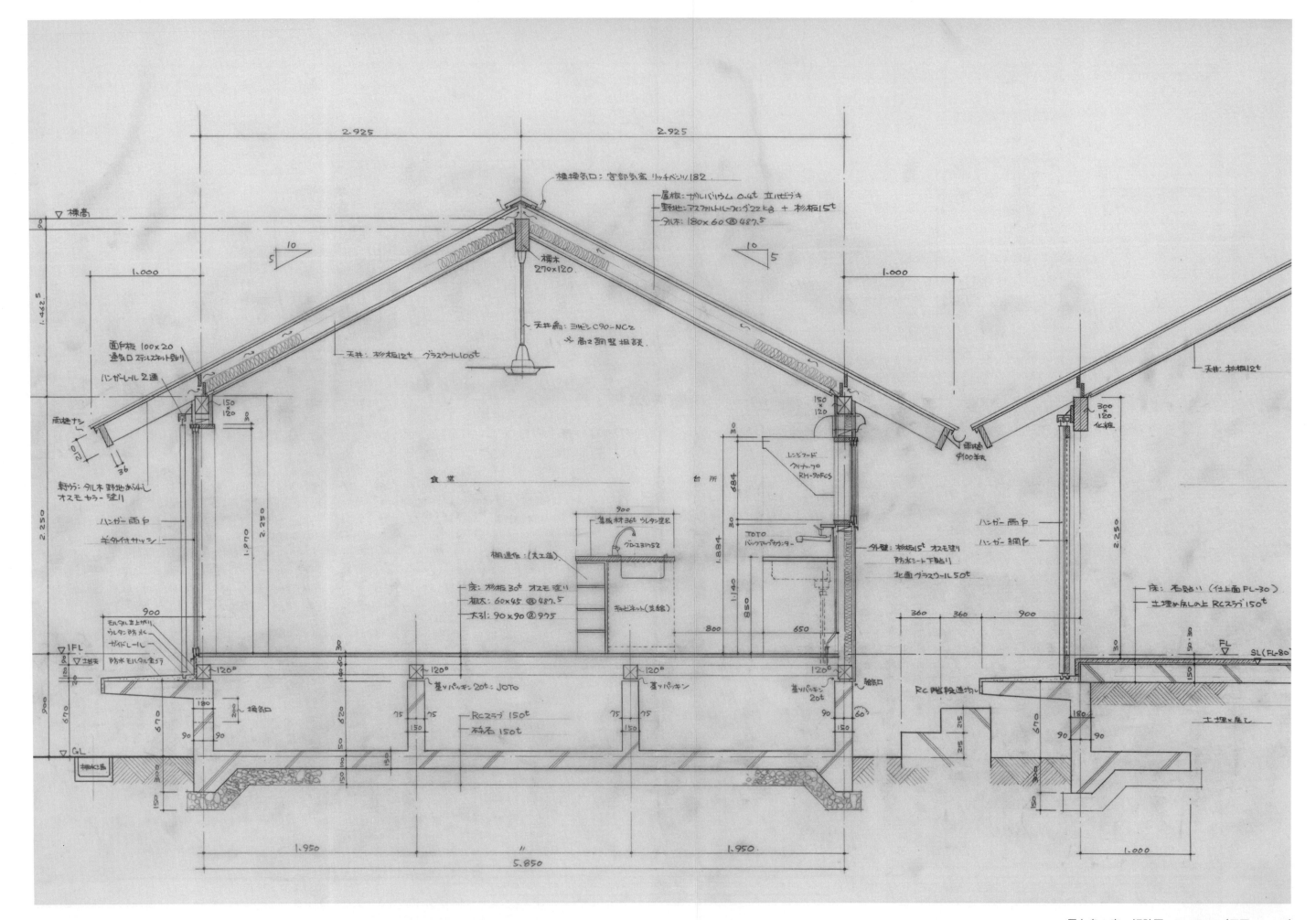

屋久島の家　矩計図　S = 1/30（原図 S=1/20）

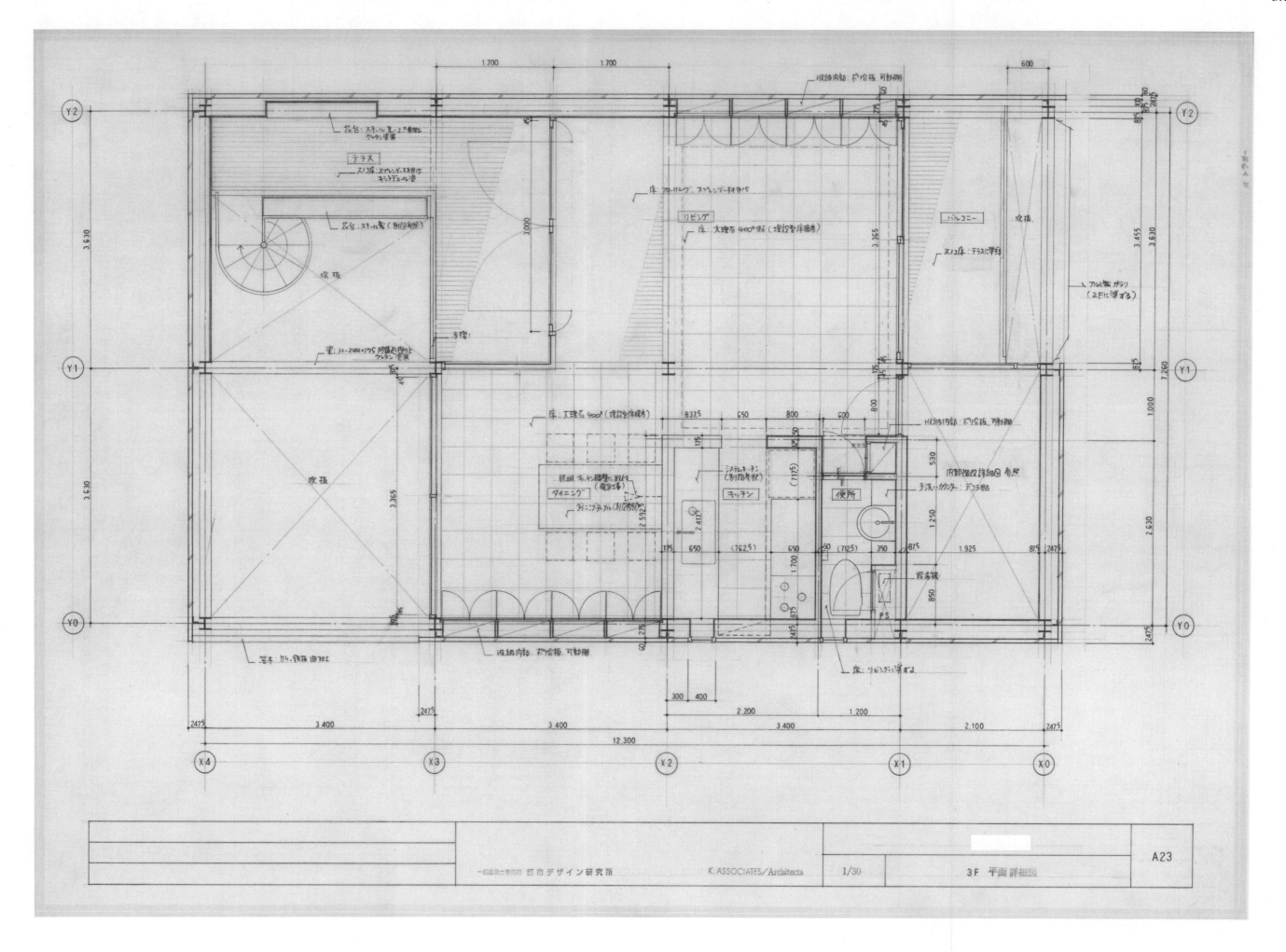

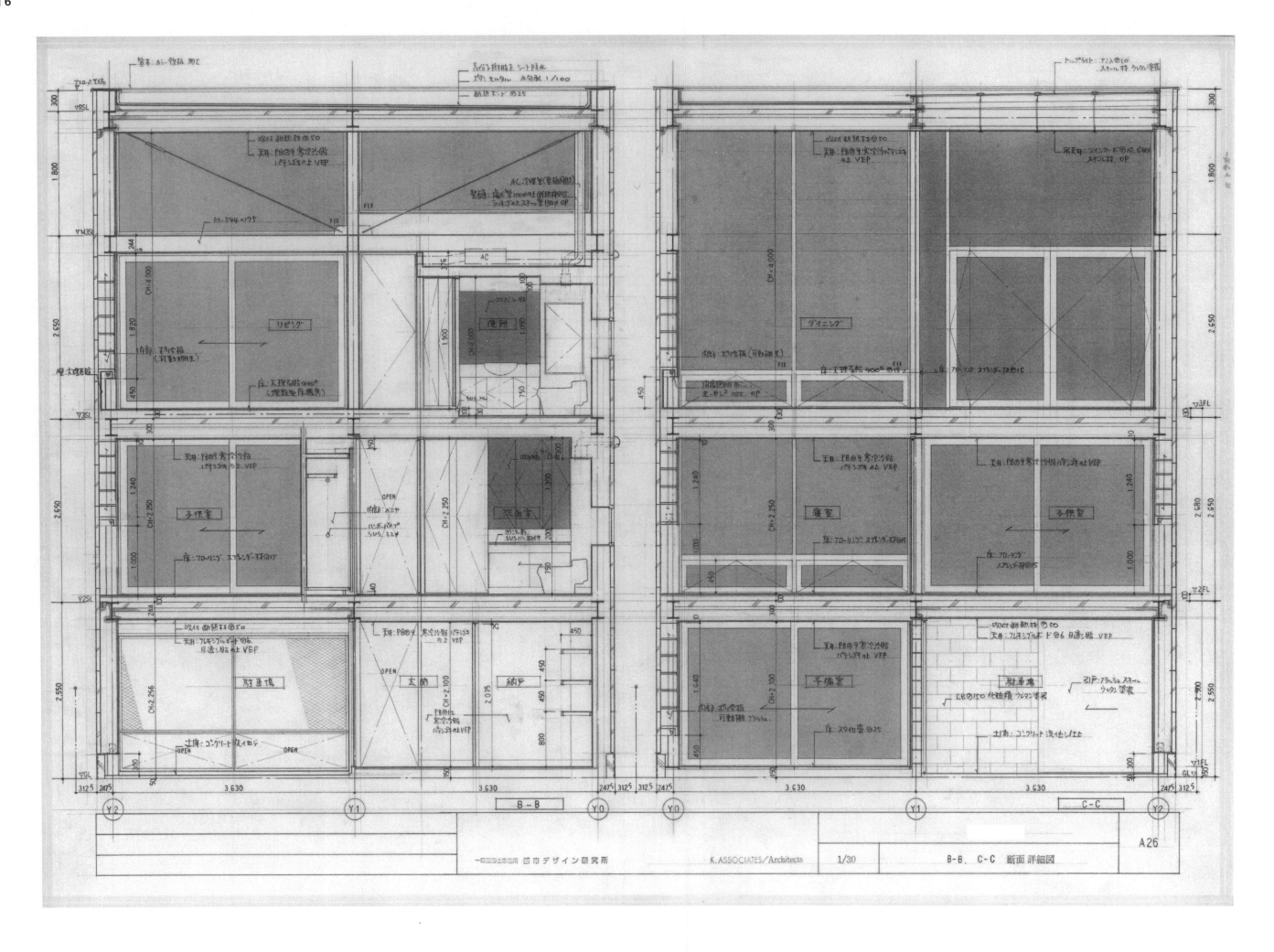

東大阪の家　断面図　S = 1/50（原図 S=1/30）

住吉の長屋 | Row House in Sumiyoshi

撮影:新建築社写真部

Introduction 〈住吉の長屋〉について

住吉の長屋　Row House in Sumiyoshi

　住吉の長屋は、複数の住戸が連続する木造長屋の中央のひとつが建て替えられたものです。敷地は西側道路に接道し、間口は 3.95m、奥行 14.5m と細長いうなぎの寝床のような形状で、両隣は木造住宅に接しています。

　内部も外部も躯体がそのまま仕上げとなる端正なコンクリート打放しと、単純な矩形の構成から余分なものを一切削ぎ落とした小住宅ですが、コンクリートの質感に加え、光と影が織りなす空間は驚くほど豊かになっています。

　平面構成は長方形を 3 等分し、真ん中に中庭を設けており、1 階には居間と食堂（台所を含む）・浴室（便所を含む）、2 階には 2 つの寝室が中庭を挟んで向かい合っています。そのため居住者は、居間、食堂・浴室、寝室の相互の部屋を移動する際には、外部空間であるこの中庭を通り抜けることになります。一見不自由な動線計画のようですが、四季や天候の移ろいを肌で直に感じ取れる中庭を挿入することで、生活と自然との関係が問い直されています。

所在地	大阪府大阪市住吉区
主要用途	専用住宅
敷地面積	57.3 m²
建築面積	33.7 m²
延床面積	64.7 m²
構造	RC 造
規模	地上 2 階
竣工	1976 年 2 月

安藤忠雄　Tadao Ando
1941 年大阪府生まれ。独学で建築を学び、1969 年安藤忠雄建築研究所を設立。代表作に〈光の教会〉〈大阪府立近つ飛鳥博物館〉〈フォートワース現代美術館〉〈地中美術館〉〈プンタ・デラ・ドガーナ美術館〉など。

食堂より中庭を見る（撮影：安藤忠雄）

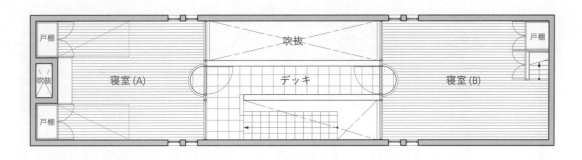

2 階平面図　S=1/100

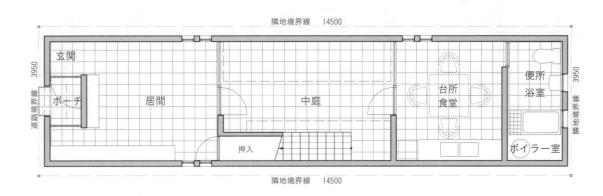

1 階平面図　S=1/100

中庭。雨の日には傘をさすこともある（撮影：安藤忠雄）

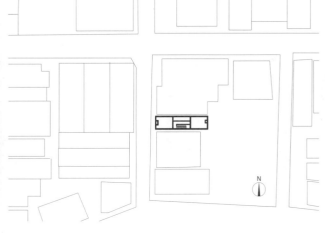

配置図　S=1/1000

Introduction 〈住吉の長屋〉について

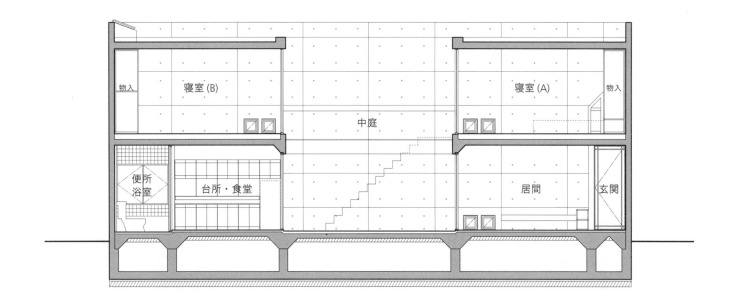

断面図 A　S=1/100

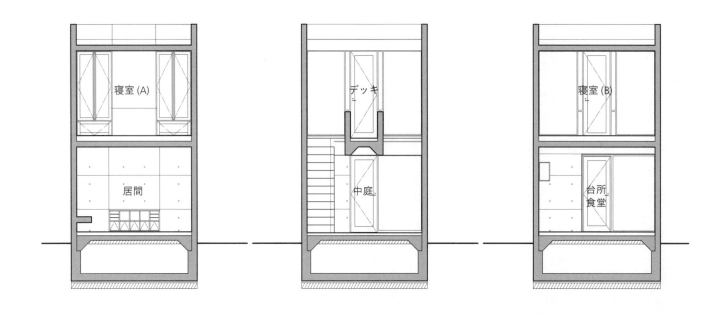

断面図 B　S=1/100　　　　　　　断面図 C　S=1/100　　　　　　　断面図 D　S=1/100

南立面図　S=1/100

西立面図　S=1/100　　　　　　　　　　　　東立面図　S=1/100

section 01　平面図とは

　平面図とは、部屋同士の関係や各部屋の広さとそれらをつなぐ動線、各階の平面構成を示したものであり、1階平面図、2階平面図といったように各階ごとに図示します。皆さんにとっては馴染みの深い「間取り図*」は平面図を概略化したものです。通常は、開口部や壁の位置がわかりやすい高さ（建物の各階の床の高さから1.5 m付近）で水平に切断したものを真上から見て、その切断面から下に見えるものを描いていきます。通常、人の視点であれば下図の透視投影図のように見えますが、その場合、切断面以外は実際の長さ（実長）を示すことができなくなるので、水平面への平行投影図として表現します。同じ階でも床の高さが異なる場合は、各部の床高（FL）*を必ず記入します。平面図は原則、上を北として描き、そうでない場合は必ずオリエンテーション*（方位）を加えてください。

　なお、手順を解説する図面の縮尺は 1/100 ですが、表現内容は詳細の様子が描きこめる 1/50 の仕様となっています。実際のトレースは 1/50 で行ってください。

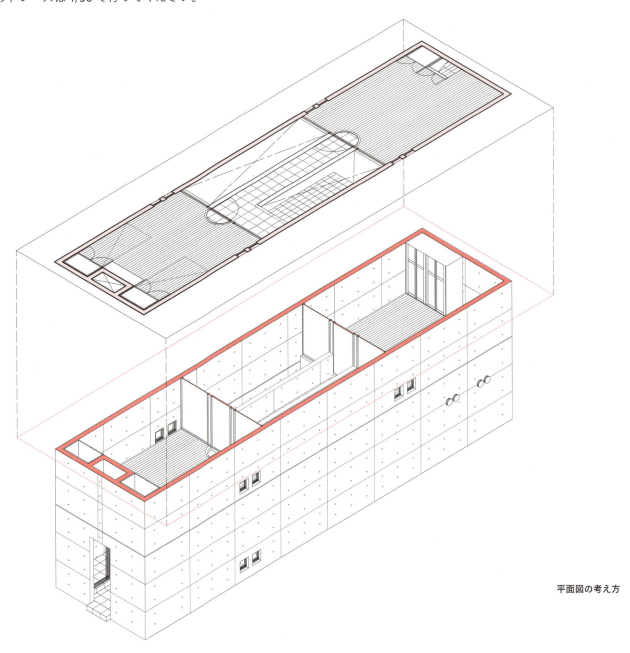

平面図の考え方

[KEYWORDS]
間取り図：部屋の配置を図にしたもの。部屋の数と、リビング(L)・ダイニング(D)・キッチン(K)の有無を 3LDK などと表記することが多い。部屋の関係性を優先させるため、平面図の縦横比が保持されないものもある
床高(FL)：Floor Level、各階の床仕上げの上端(天端)レベルのこと。基本は地盤面から各階床面までの寸法を mm 単位で表記する（例 1FL ＝ +350）。同じ階にレベル差がある場合は、基準の床レベルを設定し、そこからのレベル差で表記する場合もある（例　FL = 1FL+150）
オリエンテーション：図面上の方位を示すため、北がどちらに向いているかを図で表示したもの。図示していない場合は上が北となる

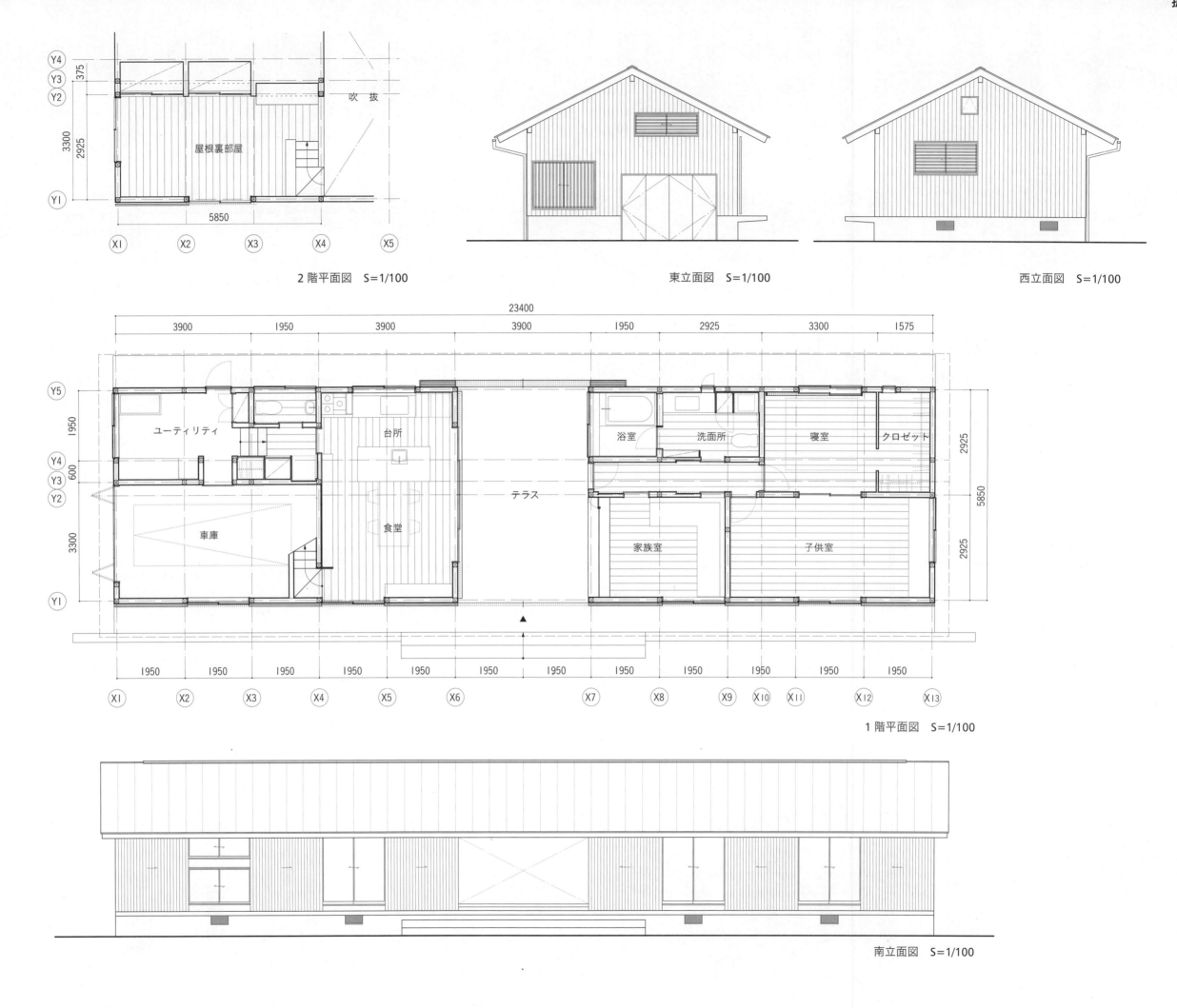

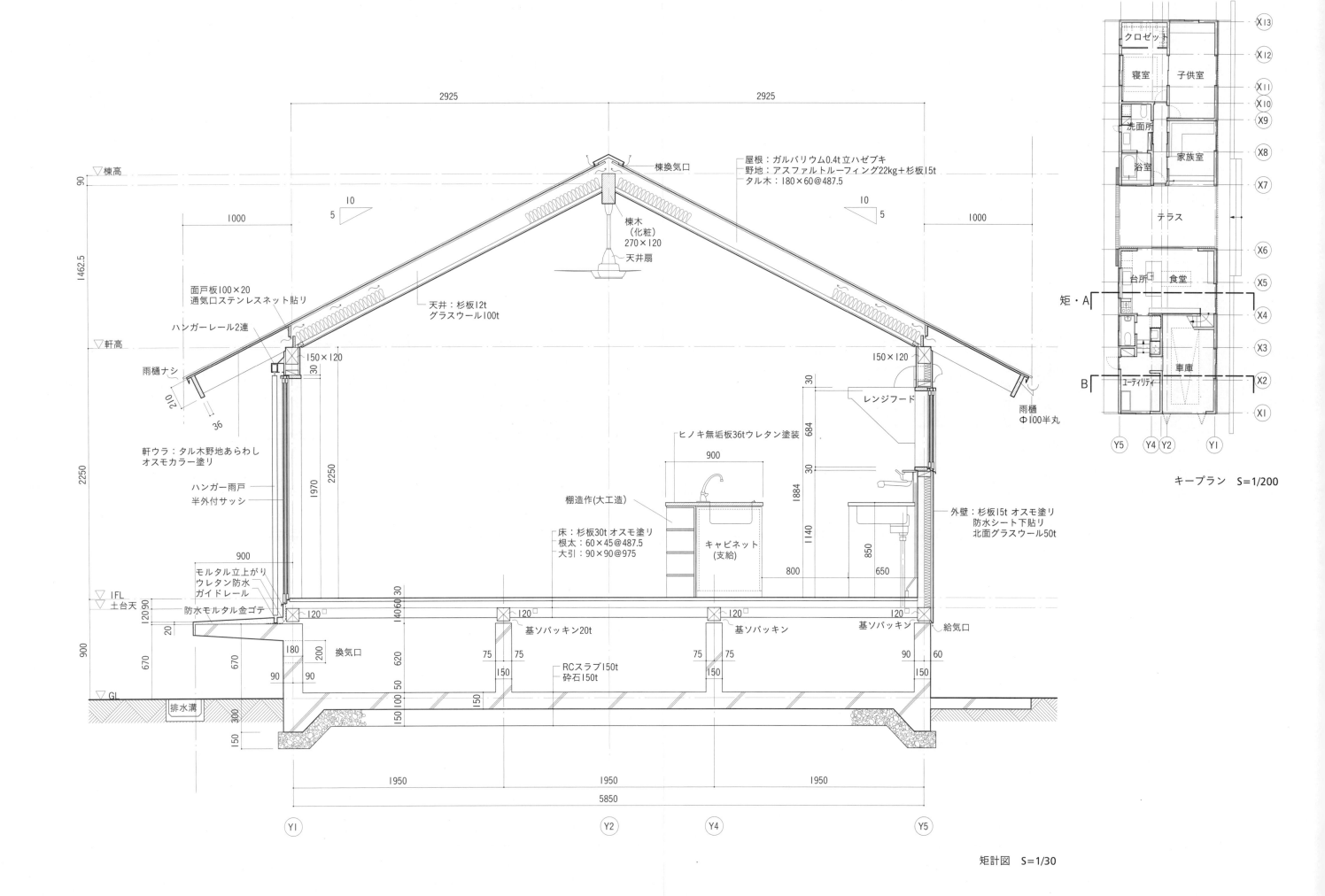

矩計図　S=1/30

キープラン　S=1/200

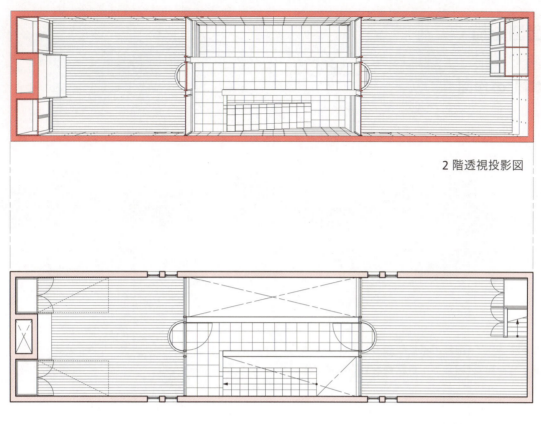

2階透視投影図

2階平行投影図

1階透視投影図

1階平行投影図

section 01　平面図とは

1階平面図を描く

手順1　基準線*の作図

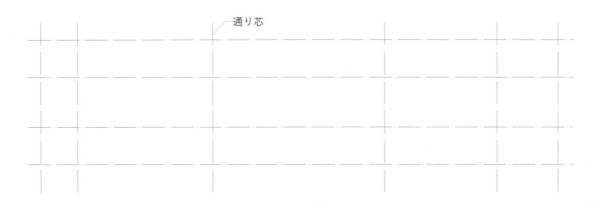

① 外壁の通り芯を描く（細線の1点鎖線もしくは捨て線*）
② 内壁の通り芯を描く（細線の1点鎖線もしくは捨て線）

手順2　躯体*の補助線の作図

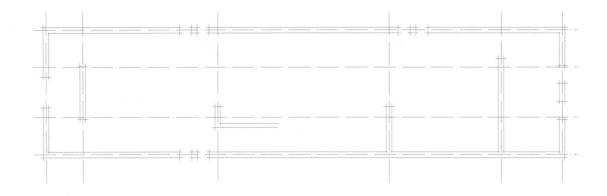

① 壁の厚みを下描きする（捨て線）
② 開口部の位置をマークする（捨て線）

[KEYWORDS]
基準線：図面を描くときの基準となる線。建築図面では、柱や壁といった構造体の中心線（芯線）や主要な高さレベルの線（建物高さや軒の高さや各階の床レベルなど）を指す。完成時に表示する場合は1点鎖線で、消去する場合は捨て線で描く
捨て線：作図の補助になるうっすら見える程度の実線
躯体：柱、耐力壁、スラブ、梁などの建物の主要な構造部分のこと

scale：1/100

手順 3 切断面の外形線の作図

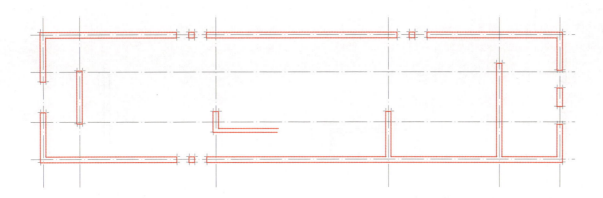

① 手順2で引いた補助線を手掛かりに、壁の切断線を描く（太線の実線）
② 下描き線の消去する。手描きの場合、補助線は残しておく場合もある

手順 4 見えがかり* 線の作図

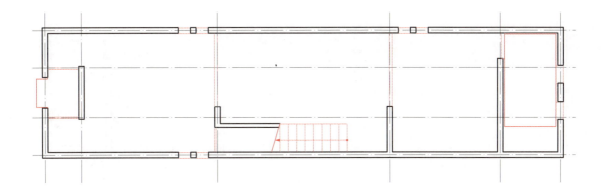

① コンクリート躯体にあいた窓の枠の見えがかりを描く（細線の実線）
② 扉・サッシュの枠の見えがかりを描く（細線の実線）
③ 玄関の道路からの段差を描く（細線の実線）
④ 階段を描く（細線の実線）
⑤ 浴室の内壁を描く（中線の実線）

[KEYWORDS]
見えがかり：平面図では水平な切断面より下に見えるもの、断面図では垂直な切断面より奥に見えるもの

scale：1/100

section 01 平面図とは

手順5 建具*の作図

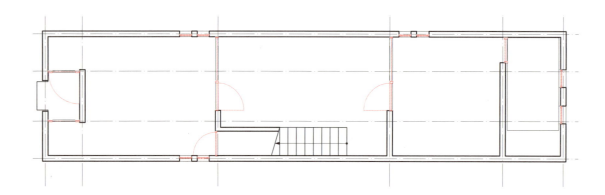

① 窓のサッシ*、ガラス面、扉などの建具の切断面を描く（中線の実線）
② 扉など建具の開閉時のどちらかの軌跡を描く（細線の実線または細線の点線）

手順6 家具の作図

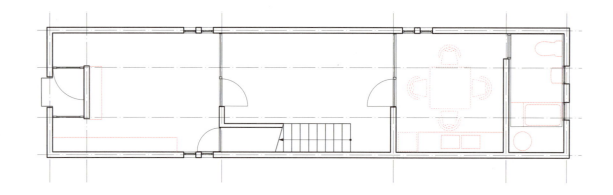

① 造り付けの家具を描く（細線の実線）
② 浴室の設備機器を描く（細線の実線）
③ テーブル、椅子、冷蔵庫などの移動できる家具を描く（細線の点線）

[KEYWORDS]
建具：開口部に設けられた障子や襖（ふすま）・窓・ドア・戸などの可動部分と、それを支える枠（建具枠や鴨居、敷居）などを指す
サッシ：建具枠と建具框（かまち）のことで、サッシともいう。主流はアルミニウム製で、ステンレス製、スチール製、木製のものもある

scale：1/100

手順7 上階の見上げ線*の作図

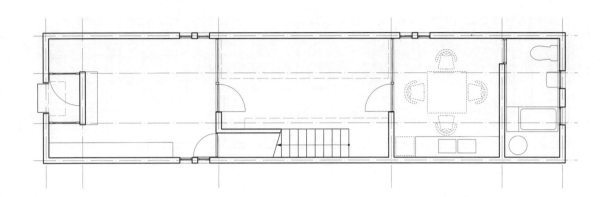

① 玄関上部のトップライト*の見上げ線の外形線を描く（細線の破線）
② 中庭上部のブリッジの見上げ外形線を描く（細線の破線）

手順8 目地*の作図

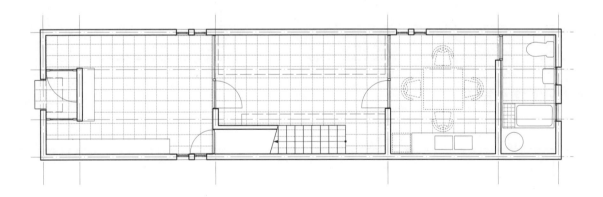

① 各室のタイルの目地を描く（極細線の実線）
② 階段の目地を描く（極細線の実線）

[KEYWORDS]
見上げ線：平面図で水平な切断面より上に見えるものを示す線のことで、破線で表示する
トップライト：屋根に設けた天窓。上部からの採光に用いる。天窓、スカイライト、ルーフウインドウともいう
目地：もともとは石や煉瓦やタイルなどを積んだり、敷き詰めるときの継ぎ目を指したが、今ではあらゆる建築部材の接合境界を指すこともある

scale : 1/100

手順9　躯体の内側を着色

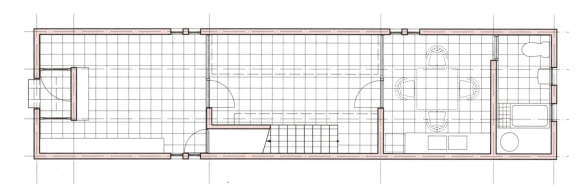

① 躯体の内側を塗りつぶす。躯体の内側を白抜きにして、コンクリートを表わす3本線の記号を描く表現もあるが、着色することで壁の位置を明確にする　（⇒詳しくは【p.89 図面の表現】を参照）

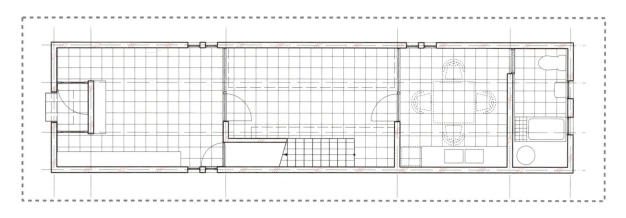

手順10　寸法・文字の記入

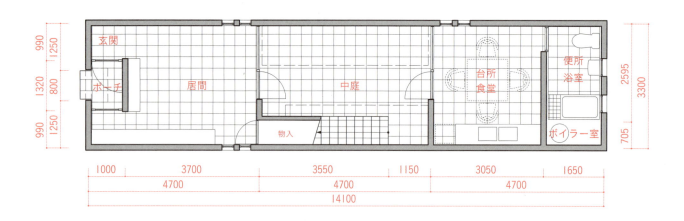

① 寸法線を描く（細線の実線）
② 寸法数値、室名の補助線を描く（捨て線）　（⇒詳しくは【p.79 文字の書き方】を参照）
③ 寸法数値を記入する
④ 室名を記入する
⑤ 捨て線などの余分な線、図面の汚れなどを消しゴムや字消し板を使って消す

scale：1/100

2階平面図を描く

手順1 見えがかり線の作図　⇒【p.15 手順4に該当（p.14、15 手順1〜3は省略）】

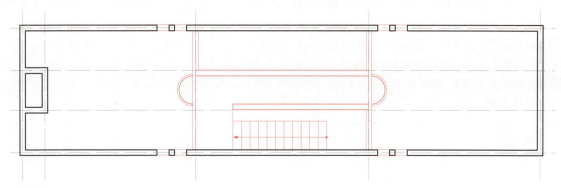

① 躯体の開口部の見えがかりを描く（細線の実線）
② ブリッジの手すりの見えがかりを描く（細線の実線）
③ ブリッジの床面、階段の見えがかりを描く（細線の実線）

手順2 吹抜け* を表現する線の作図　⇒【p.17の手順7に該当（p.16の手順5、6は省略）】

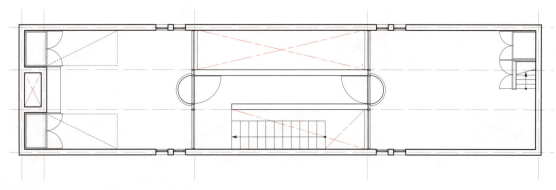

① 玄関上部のトップライトの吹抜け記号を描く（細線の1点鎖線）
② 中庭上部の吹抜け記号を描く（細線の1点鎖線）

手順3 文字・寸法の記入　⇒【p.18の手順10に該当（p.17の手順8とp.18の手順9は省略）手順詳細は該当部分を参照】

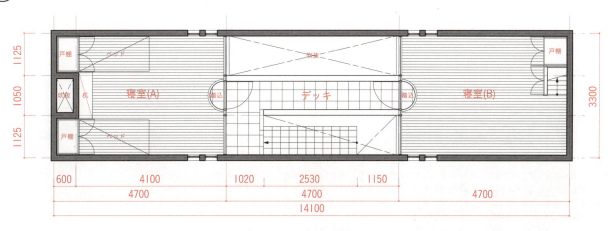

【KEYWORDS】
吹抜け：建物で2階または数階貫通して床を設けず、上下がつながった構造になっている空間のこと

scale：1/100

section 02　断面図とは

　断面図とは、最高高さ*、軒の高さ*、各階の床高（FL）、階高*、各部屋の天井高（CH）*といった高さ方向の基本寸法に加え、各部屋の断面形状、基礎*の形状、屋根勾配*、軒の出、部屋同士の断面方向の関係や建物と地盤面（GL*）の関係など、切断面ごとの断面構成を示したものであり、長手断面、短手断面といったように直行する2つ以上の切断面ごとに図示します。切断位置は通常は、開口部があり室同士の関係性がわかる位置で一直線上に切断しますが、それで上手く表現できない場合は切断線を直角にクランクして（折り曲げて）図示することもあります。切断面とそれより奥に見えるものを、切断面への平行投影図（⇒詳しくは【p.82 建築図面の図法】を参照）として表現します。

　なお、手順を解説する図面の縮尺は1/100ですが、表現内容は詳細の様子が描きこめる1/50の仕様となっています。実際のトレースは1/50で行ってください。

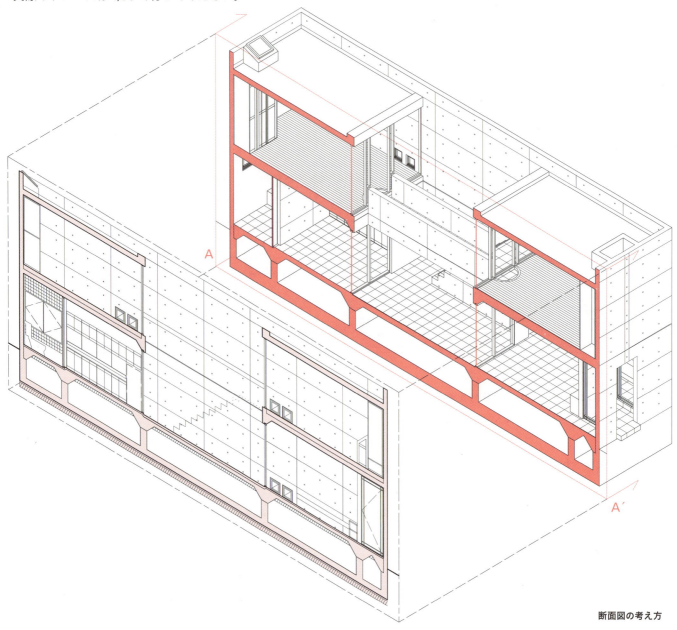

断面図の考え方

[KEYWORDS]
最高高さ：地面から建物の最も高い部分の高さ。一番上にある横架材（通常の木造であれば棟木）の上端面から地盤面までの寸法
軒の高さ：小屋組み、またはこれに代わる横架材を指示する壁、敷桁、柱の上端から地盤面までの寸法
階高：各階の高さ。断面図では一般的に床とその上階にある床の間の寸法を階の高さとして表記
天井高（CH）：Ceiling Height、天井の高さのこと。床面から天井までの内法高さの寸法
地盤面（GL）：Ground Line、建物が接している地盤レベルのこと。通常、GL=±0として設計時の高さ寸法の基準とする
基礎：建物の重量と荷重を地盤に伝えるための構造部分。通常は地盤面より下にあるため見えない
屋根勾配：屋根の傾斜の度合いのこと。水平距離10に対する垂直距離で表示され、尺寸表示される（例えば水平距離10に対し垂直距離が3であれば3寸勾配）。一般的に3寸勾配以下を緩勾配、6寸勾配以上を急勾配という

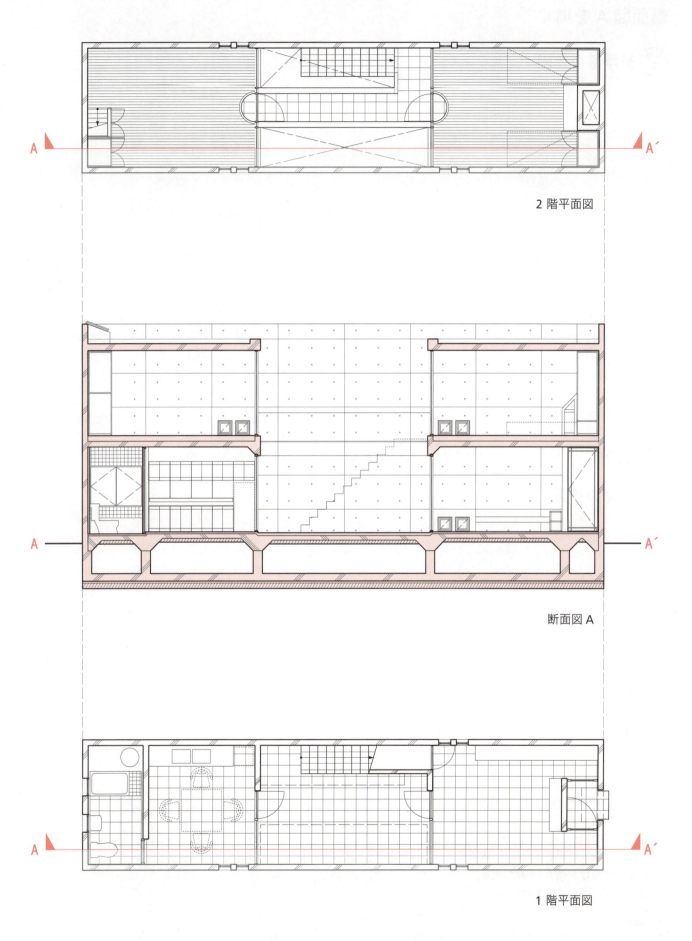

2 階平面図

断面図 A

1 階平面図

section 02 断面図とは

断面図 A を描く

手順1 基準線の作図

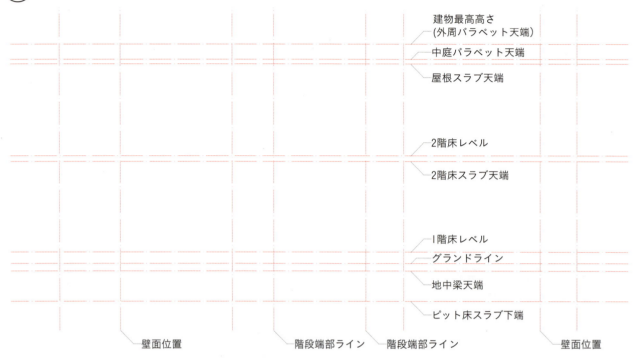

① 壁、スラブ*やピット*、パラペット*などの基準線を描く（細線の1点鎖線または捨て線）

手順2 躯体の作図

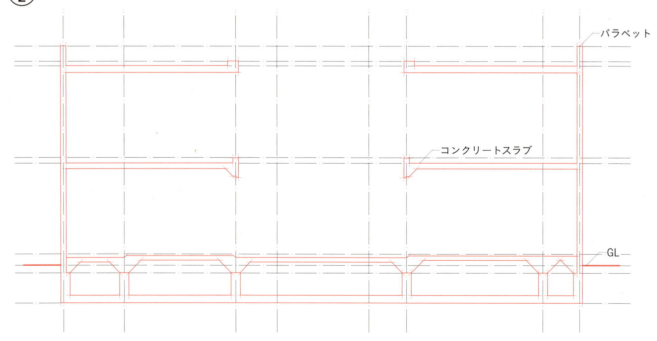

① 必要に応じて下描き線を描く（捨て線）
② 躯体の断面線を描く（中線の実線）
③ GL を描く（極太線の実線）

[KEYWORDS]
スラブ：鉄筋コンクリート造の、上階住戸と下階住戸の間にある構造床のこと。床として用いられるときは床スラブという
ピット：躯体（通常は地中梁）にある穴、枡、溝などのへこみ部分のことで、配管のルートに利用されば「配管ピット」、排水なら「排水ピット」という

手順3　床の作図

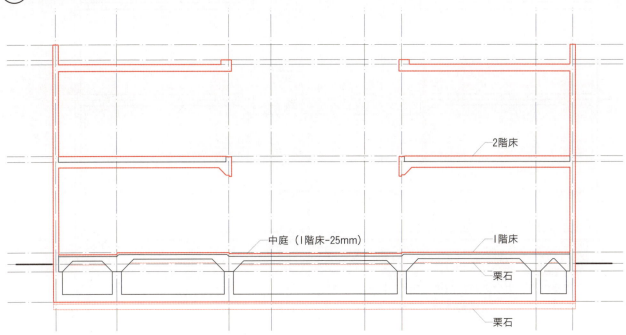

① 床仕上げ線（太線の実線）、栗石の線（細線の実線）を描いた後、切断面の外形をなぞる（太線の実線）
② 下描き線を消去する。手描きの場合、補助線は残しておく場合がある

手順4　見えがかり線の作図

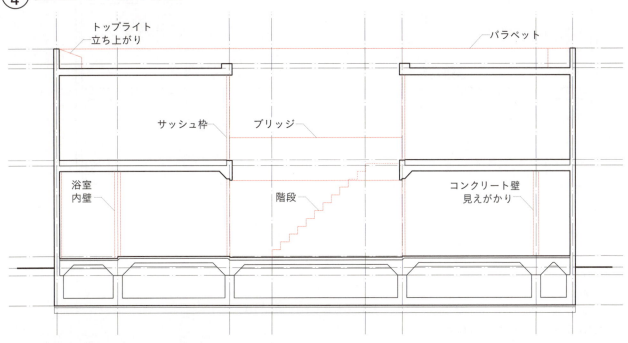

① 躯体の見えがかりを描く（細線の実線）
② 建具の見えがかりを描く（細線の実線）

[KEYWORDS]
パラペット：建物の屋上やバルコニーの外周部に設けられた低い立ち上がり壁のこと。屋根の汚れや雨水が直接外壁を伝うのを防いだり、立ち上がりを高くすることで人の墜落を防いだりするために取り付けられる

scale：1/100

section 02　断面図とは

手順5　建具の作図

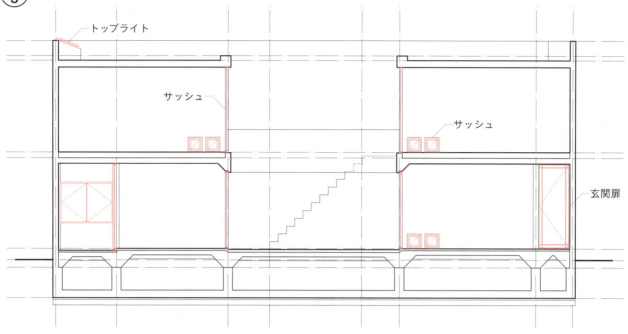

① サッシュ、浴室の扉、ガラスの断面線を描く（中線の実線）
② サッシュ、トップライト、玄関扉の見えがかりを描く（細線の実線）

手順6　家具の作図

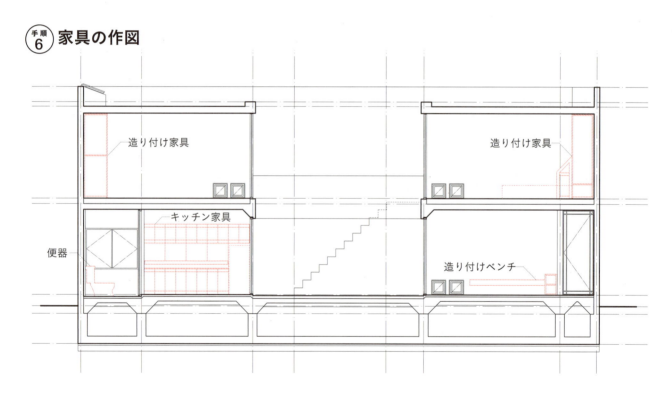

① 造り付け家具（細線の実線）、可動家具（細線の点線）を描く
② 浴室の設備を描く（細線の実線）

scale：1/100

手順7 目地・材料記号の作図

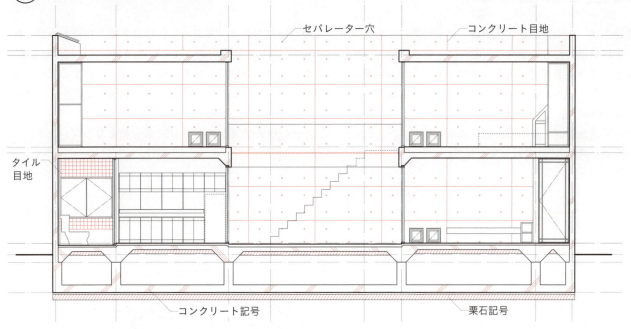

① コンクリート目地とセパレーター*の穴、浴室のタイル目地を描く（極細線の実線）
② コンクリート記号、基礎下の栗石*の記号を描く（極細線の実線）

手順8 寸法・文字の記入

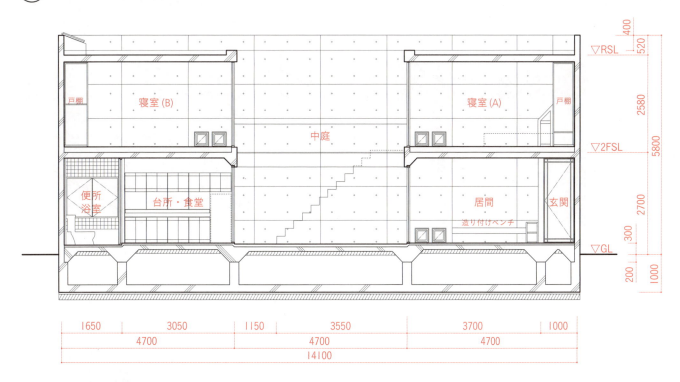

① 寸法線を描く（細線の実線）
② 寸法数値やスラブ高（SL）*、室名は補助線（捨て線）を描いた後に記入し、最後に不要な線を消す

[KEYWORDS]
セパレーター：型枠における相対するせき板間の間隔を正しい寸法に保つための両端にネジを切ったボルトのこと。Pコーンはセパレーターの両端ネジのナットとなるもので、両者を組み合わせて型枠板の間隔を固定する。型枠を取り外すときにPコーンも取り除かれ、セパレーターの先端が露出する。外壁に露出したセパレーターの先端は、通常さびないように、Pコーン脱型後のくぼみにモルタルを充填する
栗石：建築物の基礎などに使う12〜15cm程の砕石。基礎コンクリートと地盤をつなぐために用いられる。砕石や砂利で基礎内部を埋めて、その上からコンクリートを打つ
スラブ高（SL）：Slab Level、構造となる躯体の基準となるレベルのこと。床高（FL）はこの上に床の下地、床材の厚みが加えられたもの

scale：1/100

section 03　立面図とは

　立面図とは、建物の高さ、窓や扉といった開口部の大きさと配置、屋根の形状、外壁の形状など外観の特徴およびそれらの仕上げを示したものであり、通常は、東立面図、西立面図、南立面図、北立面図のように東西南北ごとに図示します。断面図が建物を垂直面で切断したのに対し、立面図は特定の方位から見える建物の外観を、特定方位と直行する面への平行投影図として表現します。また、接道面側の立面図のように正面性がある、または主要となる立面図のことをファサード*ともいいます。

　なお、手順を解説する図面の縮尺は 1/100 ですが、表現内容は詳細の様子が描きこめる 1/50 の仕様となっています。実際のトレースは 1/50 で行ってください。

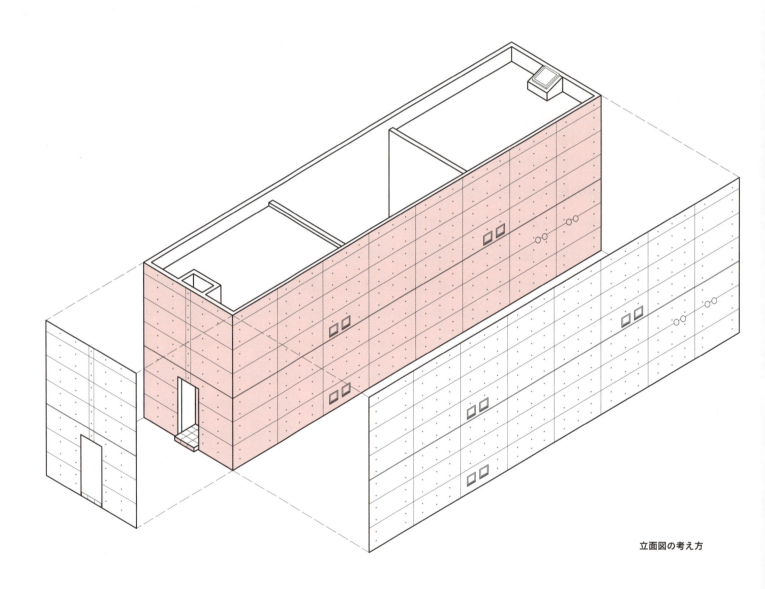

立面図の考え方

[KEYWORDS]
ファサード：語源はフランス語「façade」で建物の正面を意味し、また建物の外観を構成する主要な立面を指す
打ち継ぎ：鉄筋コンクリート造などの建物の主に各階ごとに分けて打ちこまれたコンクリートの接続部分。コンクリートが一体化しにくいため、構造上・防水上の弱点になり易く、外壁などでは雨水浸透防止のために目地を設け、シーリング材で充填することが多い

西立面図を描く

手順1 基準線の作図

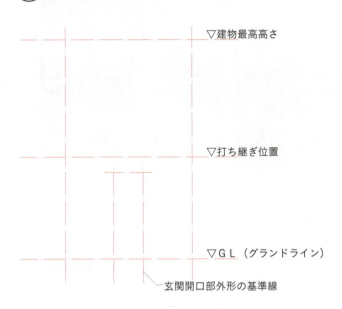

① 高さの基準線を描く（極細線の1点鎖線または捨て線）
② 外形の基準線を描く（極細線の1点鎖線または捨て線）

手順2 外形線の作図

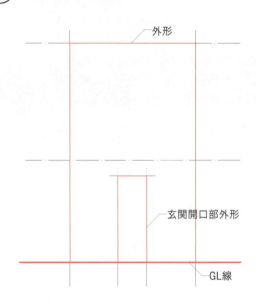

① GL線を描く（極太線の実線）
② 建物の外形線と開口部を描く（中線の実線）

手順3 建具・見えがかり線の作図

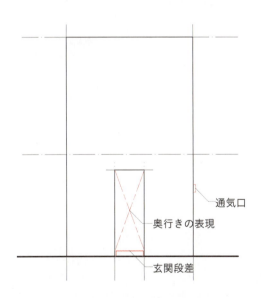

① 玄関の段差を描く（中線の実線）
② 通気口を描く（細線の実線）
③ 玄関の奥行き線を描く（細線の1点鎖線）

手順4 目地の作図・寸法の記入

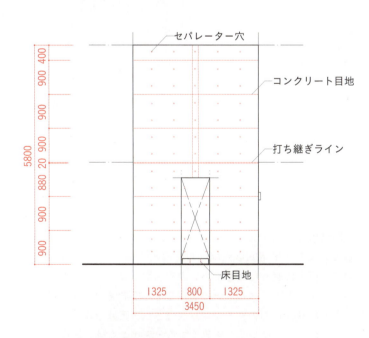

① 目地、打ち継ぎ*ラインを描く（極細線の実線）
② 寸法線を描く（細線の実線）
③ 補助線（捨て線）を描いた後、寸法数値を記入する

scale：1/100

section 04 パースを描く

1点透視図を描く

　パースの描き方には1点透視図法と2点透視図法という2種類の手法があります。まず、1点透視図の作図法について紹介します。

　なお、1点透視図の原理については資料編を参照してください。⇒【p.82 建築図面の図法】

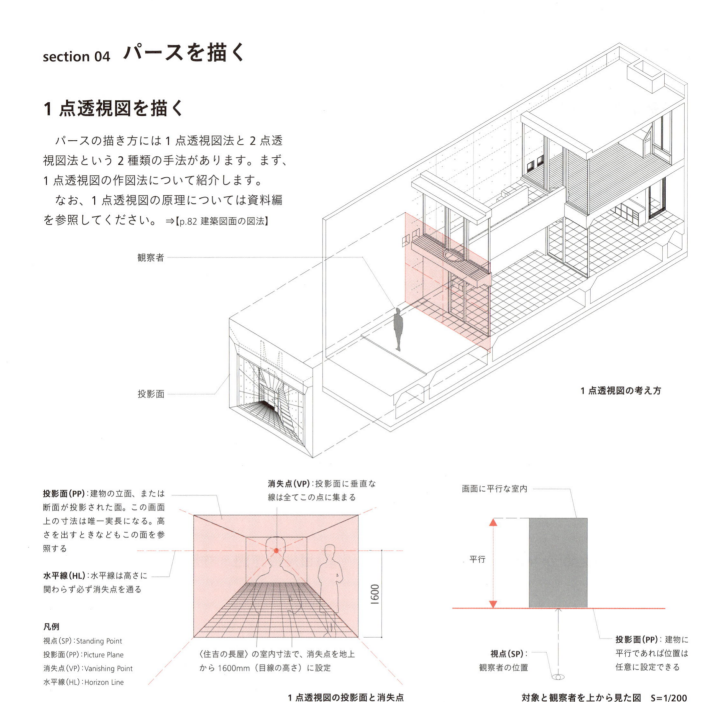

1点透視図の考え方

投影面(PP)：建物の立面、または断面が投影された面。この画面上の寸法は唯一実長になる。高さを出すときなどもこの面を参照する

水平線(HL)：水平線は高さに関わらず必ず消失点を通る

消失点(VP)：投影面に垂直な線は全てこの点に集まる

凡例
視点(SP)：Standing Point
投影面(PP)：Picture Plane
消失点(VP)：Vanishing Point
水平線(HL)：Horizon Line

〈住吉の長屋〉の室内寸法で、消失点を地上から1600mm（目線の高さ）に設定

1点透視図の投影面と消失点

画面に平行な室内

視点(SP)：観察者の位置

投影面(PP)：建物に平行であれば位置は任意に設定できる

対象と観察者を上から見た図　S＝1/200

視点の位置で変わる空間表現

　ここでは、〈住吉の長屋〉の食堂から中庭を眺めた視点を題材に、1点透視図法の描き方の手順を説明します。

　なお、完成図面の縮尺は1/50、手順の解説図は1/60ですが、実際のトレースは1/20で行ってください。

　題材のパースではアイレベルの高さを1050mmに設定しています。平均的な人間の目線の高さは約1600mmなので、椅子に座ったときくらいの視点から見たパースだといえます。アイレベルを低く設定すると空間を少し見上げた図となり、迫力のある空間が表現され、天井もよく見えます（反対にアイレベルを高くすると床がよく見える）。

　今回の場合、中庭の吹抜け空間に浮かぶブリッジや上下階のつながりを表現するのに適した視点といえます。

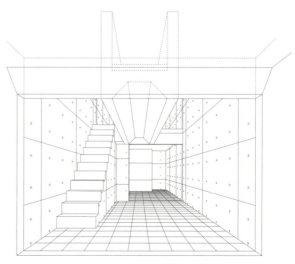

1点透視図法　完成パース　S＝1/50

手順 1　空間の概形の作図

① 平面図を参照し、基準となる投影面を描く
② 補助線となるパースライン（以降、PL）を描く
③ 手前の部屋（中庭）の奥行きを描く
④ 奥の部屋（居間）の奥行きを描く
⑤ 階段の1段目の位置を描く（手順3で使用）
⑥ 基準となるコンクリートの縦目地を描く（手順5で使用）

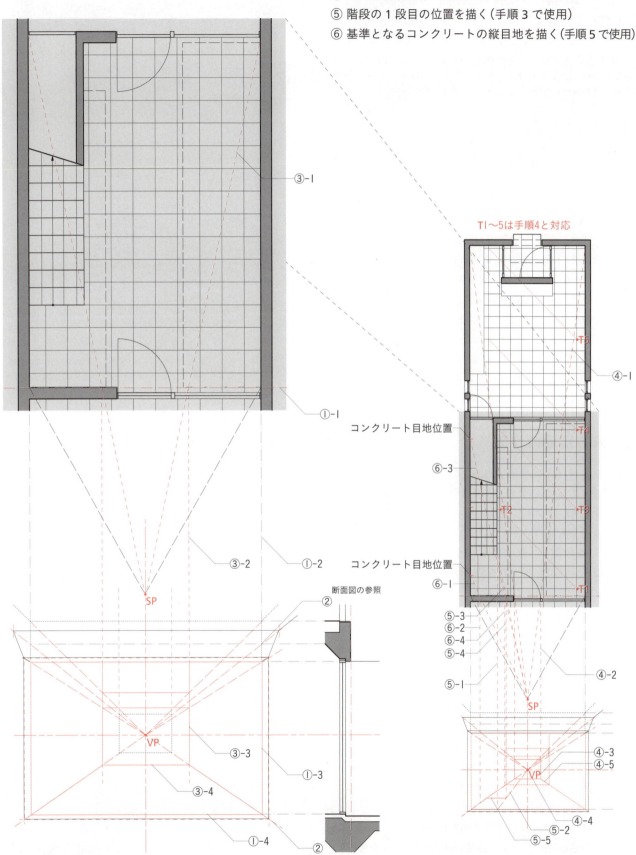

手前の中庭の奥行き　S=1/50

奥の居間の奥行き　S=1/100

section 04　パースを描く

手順2　ブリッジ・二階床の作図

① **ブリッジ**：断面図より、ブリッジの断面を投影面上の開口枠下端に合わせて作図する。奥行き方向へPLを延長するとブリッジが描ける
② **2階床**：上端は2階床レベル、下端は開口枠下端と消失点を結ぶPLと、手順1で採った2階床の位置の印を利用して、水平線を書き加え、2階床を描く※アイレベルの高さAの1/2の位置から引いた水平線は、奥行き方向にAの2倍の距離に一致する。同様に1/4Aであれば4A、1/8Aは8Aと奥行きの距離を測ることができる

手順3　階段の作図

① 中庭床面から2階床までを階段の段数で分割し、消失点から段ごとにPLを描く（12段）
② 手順1で採った階段の始まりの両端から垂直な補助線を立ち上げ、1段目の高さのPLとの交点を求める。その交点を結ぶ水平線により1段目の蹴込面（段の垂直面）が描ける。
③ ②の交点と2階床の左端を通るPLを描き、VPを通る垂線との交点（階段の消失点）を求める。さらに蹴込面の左辺・右辺と階段の消失点を結ぶPLをそれぞれ描く
④ 1段目の高さのPLと蹴込面の左辺両端のPLの交点から、1段目の踏面（段の水平面）の左辺が求められ、踏面の左辺の両端を起点とした水平線と蹴込面の右辺両端のPLの交点から、踏面の上辺と右辺が描ける
⑤ 同様にして各段の蹴込面と踏面を描く

手順4　床の目地の作図

① 投影面にタイルの横幅300mmの印を割り付ける
② ①で採った印から消失点へ向かってPLを延長していくと奥行き方向の床タイル目地になる
③ 手順1を参照して、平面図上のタイルの対角線上に2点（T1、T2）を設定し、その点をパース上にプロットする
④ T1、T2を通るPLと、VPを通る水平線の交点がタイル目地の対角線の消失点となる。
⑤ T1、T2を通るPLと②のPLの各交点から水平線を描けば、水平方向の目地となる。T2を通る水平線と②の右端のPLの交点T3とタイル目地の対角線の消失点を結ぶPLを描き、同様の手順で奥の水平方向の目地を描く

手順5　壁の目地・セパレーターの穴の作図

① 断面図や立面図から横方向のコンクリート目地の間隔を測り、投影面で寸法を採って印をつける
② ①の印から消失点へ向かってPLを延長していくと横方向のコンクリート目地になる
③ 手順1のコンクリート目地の補助線を利用して、手順4のタイル目地と同様に900×1800mmのパネル割を描く
④ セパレーターの穴も同様の方法で描く

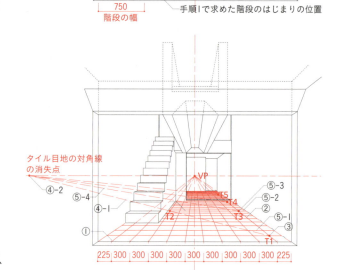

scale：1/60

2点透視図を描く

次に、2点透視図法の作図について紹介します。2点透視図の原理については資料編を参照してください。⇒【p.82 建築図面の図法】

なお、完成図面の縮尺は1/80、手順の解説図は1/250ですが、実際のトレースは1/50で行ってください。

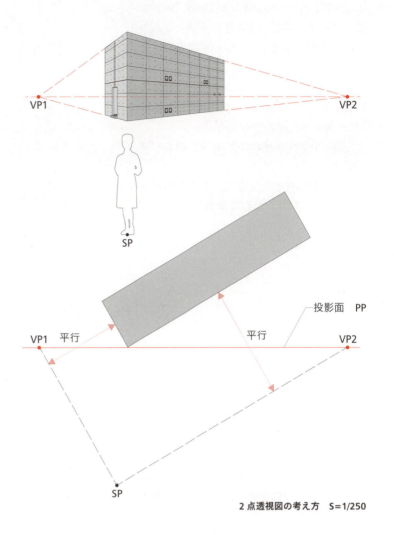

手順1 視点（SP）の決定

① 平面上に視点（SP）を決める。描きたいものの大半が標準視野角の60°に入るような位置に設定すると、自然な見え方のパースになる

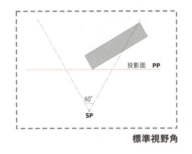

標準視野角

2点透視図の考え方　S=1/250

手順2 消失点（VP）の作図

① 視点から投影面（PP）に向かって建物と平行な線を描く
② ①の線と投影面（PP）の交点から視線の高さ（HL）まで垂線を下す。この点が消失点（VP1）となる
③ 建物の反対側の面も同様の手順で消失点（VP2）を求める

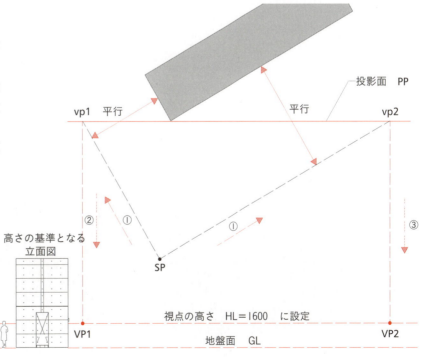

視点の高さ　HL＝1600　に設定
地盤面　GL

手順3 建物の概形の作図

① 透視図で描かれる建物の投影面（PP）に接しているAの部分が高さの実長となるので、立面図から補助線を引いて高さの情報を印す

② ①で測った建物の高さから消失点（VP1）と消失点（VP2）に向かって補助線（パースライン）を引く

③ 視点（SP）から建物の角（B、C）の点へ補助線を引く

④ その線とPPとの交点（B´、C´）からパースラインまでPPに垂直な線を引く

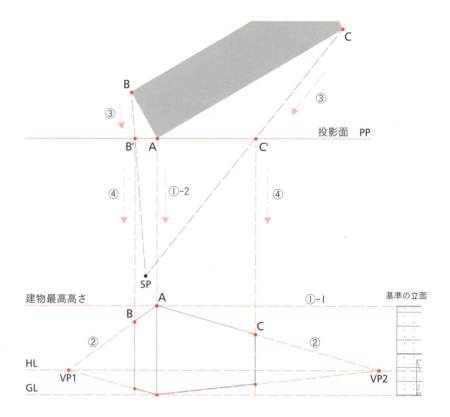

手順4 開口部、目地等の作図

① 高さ方向の寸法は立面図を利用して、建物が投影面（PP）に接する部分に向かって水平な線を伸ばした点から消失点へ向かうパースラインに沿い線を引く

② 横方向の寸法は、建物の位置により詳細な平面図、立面図をあてがうことで、手順3と同様に求めることができる

③ 建物の細部や目地を書き入れる（必要に応じて周辺の環境、人なども加える）

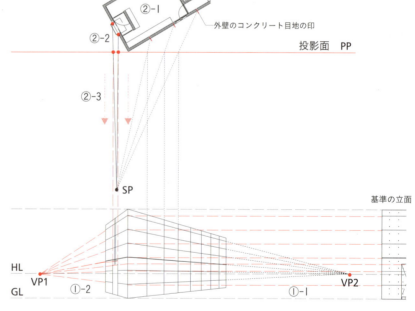

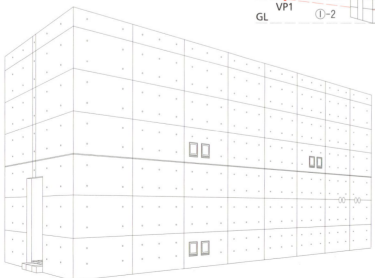

2点透視図　S＝1/80

section 05 模型をつくる

模型は建築の空間を伝えるもっとも有効な手段です。見る人が自由に視点を変えることができるので、実際の空間体験に近い状態で空間を把握できます。通常、建築模型の主材料には、加工の容易なスチレンボード、スチレンペーパー、ダンボール、バルサ材（軽い木の板）などが用いられますが、保存用の模型や展示用の模型や軸組み模型では木材などを用いることもあります。また、周辺環境との関係を把握するために建物の外形のみを表現した模型をヴォリューム模型といい、主材料には発泡スチロールやスタイロフォームなどを塊として用います。素材感を表現したい場合は、出力した図面を模型に貼り付けたりもします。ここでは、一般的に用いられるスチレンボードによる白模型の制作方法を説明します。

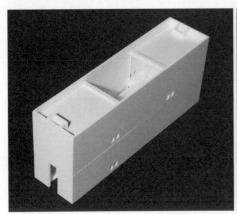

〈住吉の長屋〉全体模型　　〈住吉の長屋〉断面模型

模型制作に必要な道具と材料

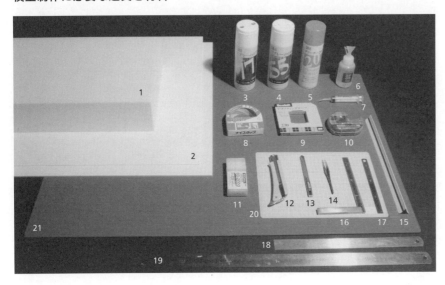

1. スタイロフォーム
2. スチレンボード
3. スプレーのり（接着用）
4. スプレーのり（仮接着用）
5. のり剥がしスプレー
6. スチロールのり
7. スチロールのり用注射器
8. 両面テープ
9. ドラフティングテープ
10. メンディングテープ
11. カッターの替刃（30度鋭角刃）
12. カッター大（厚い材料を切るときに使用）
13. 細工カッター
14. ピンセット
15. 三角スケール
16. スコヤ
17. 金尺（15cm）
18. 金尺（30cm）
19. 金尺（60cm）
20. カッターマット（A4）
21. カッターマット（A1）

手順 1　材料取り

① 今回は縮尺1/50の模型を制作する。壁厚は150mmなので、スチレンボードは3mmを使用する。から、模型を構成する部材を、できるだけ無駄がないように切り出す。手描き図面の場合は、複写して部材外形に切り取った型紙をボードに配置する（右図）。CADデータならデータ上で部材をレイアウトして印刷すると作業を効率化できる

② 型紙を仮固定する際は、後からはがせる仮接着用のスプレーのりを裏面に軽く吹きかけるか、型紙の外周の数カ所をマスキングテープで仮留めする

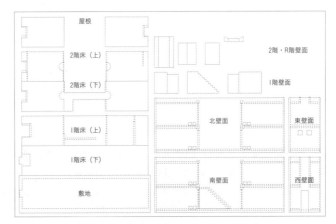

〈住吉の長屋〉スチレンボードへの主要部材のレイアウト

section 05 模型をつくる

手順2 材料の切り出し

① 手順1でとった部材をカッターで切り出していく。定規やスコヤを使用し水平垂直を保てば精度の高い模型をつくることができる。また、切断面をきれいにするためにカッターの刃はこまめに折るとよい
② 部材を切り出した後は型紙をはずしてクリーナー（のりはがしスプレーなど）を使用し表面の汚れを拭きとる

切断距離が長い場合はカッターを寝かせる

切断距離が短い場合はカッターを立たせる

手順3 エッジの処理

(1) 45°法

① 寸法を取る
突き合わせる部材の厚みを測り、材料に描き込む

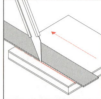
② 上の紙を切る
ボード内部の発泡材は切らずに、表面の紙だけに切込みを入れる

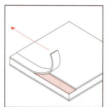
③ 上の紙をはがす
②で切った上の紙だけをはがす

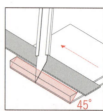
④ 45°に切る
発泡剤を45°に切る際は、一度に切らず3回程に分け徐々に近づける

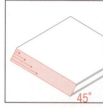
⑤ 断面を調整する
紙やすりなどで切断面の表面を平らで滑らかにする

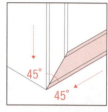
⑥ 面を突き合わす
もう一方の部材にも同様の加工をし、突き合わせて接着する

(2) 切り落とし法

① 寸法を取る
突き合わせる部材の厚みを測り材料に描き込む

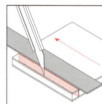
② 発泡材を切る
下の紙を残し発泡材と上の紙だけを切る

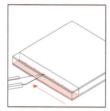
③ 発泡材を切離す
下の紙の上にカッターを入れ、紙と発泡材を切り離す

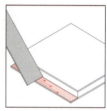
④ 発泡材を削る
金尺を使い、紙に残った発泡材をきれいに削り取る

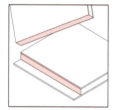
⑤ 接着剤を塗る
図で色のついた面に接着剤を塗る

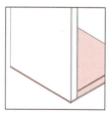
⑥ 面を突き合わす
2つの部材がかみ合うように突き合わせる

手順4 開口部の切り欠き

① 窓の位置をとる
手順1と同様に、開口部の位置を記す

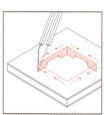
② 切込みを入れる
隅部は部材を貫通し、中程は部材の半分くらいまで切込みを入れる

③ 部材を裏返す
部材を裏返すと②で入れた切込みが上図のような状態になっている

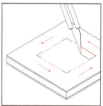
④ 切込みをつなぐ
裏の切込み同士をつなぐようにカッターを入れ、部材を切断する

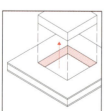
⑤ 不要部分を抜く
不要な部分を外し、必要に応じてやすりをかけ、表面を整える

手順5 部材の組み立て

①基礎・1階床を組み立てる

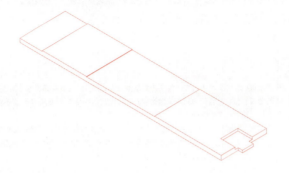

②外壁を組み立てる

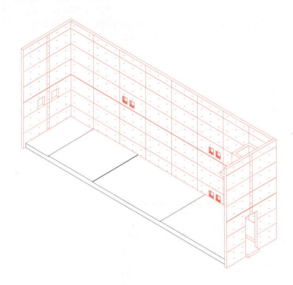

③1階室内を組み立てる

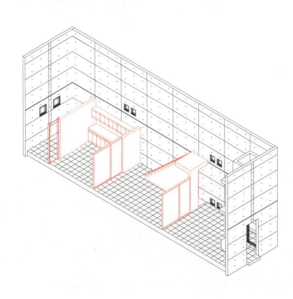

④2階床・2階室内を組み立てる

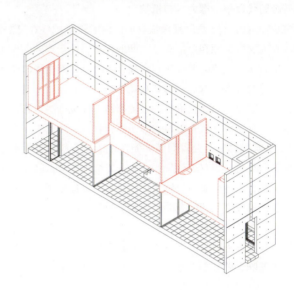

⑤屋根・手前の外壁を組み立てる

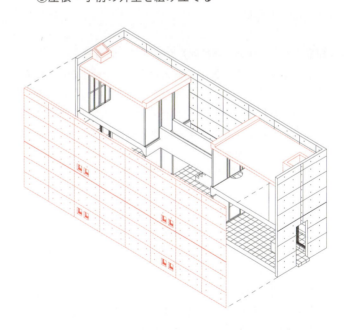

column── 読解〈住吉の長屋〉

都市ゲリラ住宅のクライマックス
──〈富島邸〉そして〈住吉の長屋〉へ──

〈住吉の長屋〉が竣工したおよそ半世紀前では、都市に対する考えや、都市住宅のあり方は、現状とは対極的であったため、今では考えられないような、独創的でユニークでなかば狂乱的な住宅が、建築家と施主との共犯関係によって生み出されました。

当時の時代背景：権力への抵抗

1960年代には、高度経済成長期の住宅政策として、郊外のベットタウン開発が始まり、団地住まいから郊外一戸住宅の持家へと大衆の夢は巧みに操作され、政府も税の優遇や住宅金融公庫[1]など融資の援助を行いました。一方、工業化と都市化が急激に進むことで都市の環境は悪化し、この頃より高度経済成長のひずみが表われはじめます。

1970年代には、公害問題の顕在化による科学技術神話への不信[2]と、米ソの代理戦争としてのベトナム戦争が長期化することへの疑いを背景に、日本のみならず、世界中の若者が既成の価値観を問いなおす運動が起こりました[3]。建築界にもこの流れは巻き起こり、記念碑的で権威的な公共建築[4]よりも、もっと基本的な都市構成要素である個人住宅の意味を問う動きが生じました。もはや手放しで受け入れることができないほど悪化した都市環境にあえて住むことで、都市をもう一度人間の手に取り戻そうという運動が起こったのです。

閉ざされたBOX：〈富島邸〉から〈住吉の長屋〉へ

この頃、実験的な都市住宅を紹介する『都市住宅』という月刊誌が出版され[5]、安藤忠雄も1973年に「都市ゲリラ住居」というキャッチフレーズで〈富島邸[6]〉を発表しました。この住宅は、3年後に発表される〈住吉の長屋〉と同じく、3軒長屋の1軒を新築したものでした。

設計者にとって悪化する都市環境の中の自然は、唯一"空"だけでした。〈富島邸〉は長屋の隅家で角地の2面が道路に接していましたが、壁面の開口部は極端に少なく、隅切り部の嵌め殺し窓と通気用の小さな正方形の滑り出し窓だけに限定する代わりに、プラン中央の吹抜けの上部に大きなトップライトを設けることで、主な採光を確保しました。外部には閉じながら、空に向かっては開く。つまり「都市ゲリラ住居」は、劣悪な環境の中で生活することを決断した個人が、都市と対峙するための砦に他ならず、生身の生命体として人間が劇的に「生」を獲得するようなスペースを内包した棲み家のことです。設計者は、個を思考の中心に据えながら"肉体的直感を基盤に据えた自己表現としての住居"を都市に出現させることで、都市の変容を企てたのでした。

スキップフロアから単純なスラブの積層へ、そして、階段を内包した吹抜けスペースから屋根のない階段とブリッジのみの中庭空間へと、〈住吉の長屋〉は、「都市ゲリラ住居」の思想を極限にまで純化させることで生まれた住宅なのです。

註
1) 住宅政策のテコ入れとして、住宅の建築や土地の購入に必要な資金を長期・固定・低利で貸し付けた当時の政府金融機関。この政策の影響で、1970年代は郊外化が急進し、持家比率も急増した
2) 1970年の大阪万博開催などに象徴されるように科学技術の進歩が華々しく謳われる時代だった一方、急速な工業化の弊害として都市では大気汚染や水質汚濁、土壌汚染などさまざまな公害が大きな社会問題となった
3) 資本主義と共産主義で対立していた大国（アメリカとソビエト）の論理で勃発したベトナム戦争への抗議運動は世界各地に広がり、終戦の引き金となった
4) ここでは丹下健三による〈国立屋内総合競技場（国立代々木競技場）〉（1964年）や岡田新一による〈最高裁判所〉（1974年）のような建築を指す
5) 『都市住宅』は1968〜1986年に鹿島出版会から刊行され、東孝光の〈塔の家〉（1966年）や鯨井勇〈プーライエ〉（1973年）などに代表されるように、都市と住宅が抱える問題に意欲的に取り組んだ作品を植田実が率いる編集部が積極的に紹介し、同時代の若手建築家らに多大な影響を与えた
6) 〈富島邸〉は現存せず

〈富島邸〉 1・2階平面図、断面図　1/250

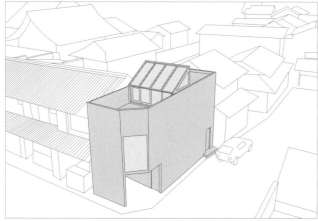

〈富島邸〉唯一の開口、隅切り部の嵌め殺し窓と吹抜けの大きなトップライト

屋久島の家 | House in Yakushima

撮影:堀部安嗣

撮影:堀部安嗣

Introduction 〈屋久島の家〉について

屋久島の家　House in Yakushima

　屋久島には、緑豊かな風景を育みながらも時に猛威を振るう、手つかずの自然が残ってます。この住宅は、激しい雨風やむせ返る湿気に対応しながら、かつ雄大な景色に対峙するため、長方形平面に切妻屋根というシンプルな外観と空間で構成されています。

　家の中央には、雨戸を開け放つことで外部と直接連続するオープンなテラスがあり、それを挟んで西側はパブリックゾーン、東側はプライベートゾーンとなっています。テラスに面した壁にも大開口を設け、特に、台所や食堂はテラスとの一体的な利用が可能になっています。

　開口部と壁が交互に配置された外壁は、雨戸で完全に閉め切ることができますが、天候に合わせて開け閉めがしやすいように一本引きのハンガーレールで吊られています。また、家の南側にはある頁岩（けつがん）を積んだストーンサークルが、周囲の自然へと連続するランドスケープのアクセントとなっています。

所在地	鹿児島県熊毛郡屋久島町
主要用途	専用住宅
敷地面積	1472 m²
建築面積	136.89 m²
延床面積	156.19 m²
構造	木造
規模	地上2階
竣工	2000年11月

堀部安嗣　Yasushi Horibe
1967年神奈川県横浜市生まれ。1990年筑波大学芸術専門学群環境デザインコースを卒業し、益子アトリエにて益子義弘に師事。1994年堀部安嗣建築設計事務所を設立。代表作に〈牛久のギャラリー〉〈阿佐ヶ谷の書庫〉〈竹林寺納骨堂〉など。

テラスより外を眺める（撮影：堀部安嗣）

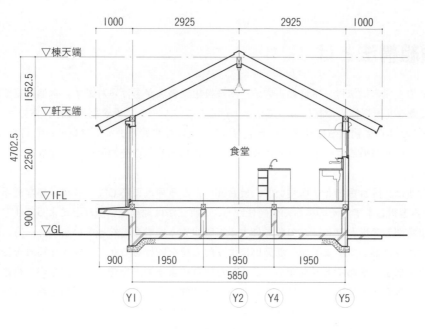

断面図 A　S=1/100

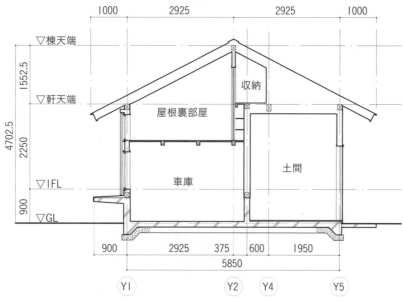

断面図 B　S=1/100

〈屋久島の家〉全景（撮影：堀部安嗣）

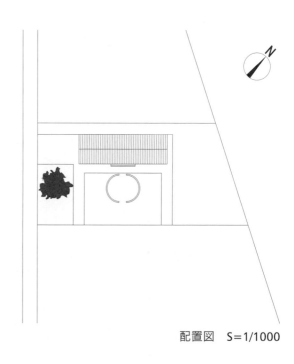

配置図　S=1/1000

section 01　木造軸組構法とは

　住宅建築における木構造の主流の構法は、木造軸組構法、木造枠組壁構法が挙げられます。木造枠組壁構法はツーバイフォー工法とも呼ばれ、安価な北米規格の部材によって組み上げられたフレームに構造用合板を打ち付けた壁や床（面材）で支える構造であるのに対し、木造軸組構法は在来工法とも呼ばれ、主に柱や梁といったフレームで支えるため、設計自由度が比較的高い構法です。木造軸組構法は日本で古くから発達してきた伝統工法を簡略化して発展させた構法で、その原型は竪穴式住居まで遡れます。

　伝統工法の構架・接合方法は、接合金物を一切用いず、接合部にかかる荷重に応じて、多種多様な継手・仕口（ほぞ・ほぞ穴による接合方法）から選択します。その接合部の特性から、伝統工法は地震や台風などによって生じる水平方向や垂直方向の大きな揺れを、接合部の変形とフレームの変形によって吸収する柔構造となっています。一方、在来工法は伝統構法の構架・接合方法を一部受け継いでいますが、筋交いにより耐力壁を設けることで、大きな揺れを受け止める剛構造となっています。柱は伝統工法より細めでありながら、こうした揺れによる変形を防ぐため、基礎の構築、土台の設置、基礎と土台の緊結、筋交いの多用や各種ボルトやプレートといった補強金物を用います。補強金物の技術は、昭和時代後期以降から発達したもので、耐震基準の改正前後で構成要素が大きく異なる場合もあります。その時代の要求に応じて、木造軸組構法は伝統工法から変化を遂げ、その進化は現在も続いています。

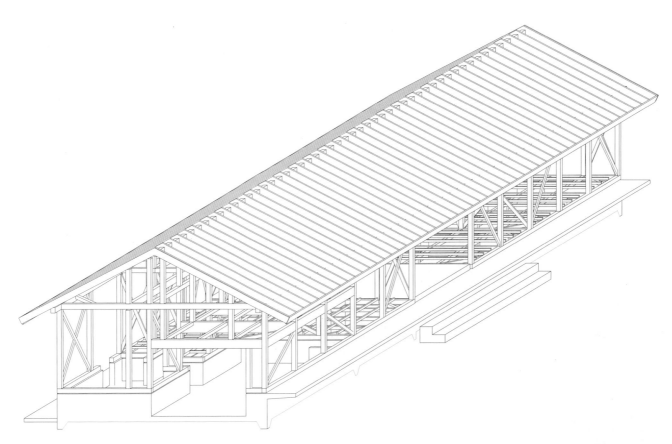

〈屋久島の家〉の軸組モデル

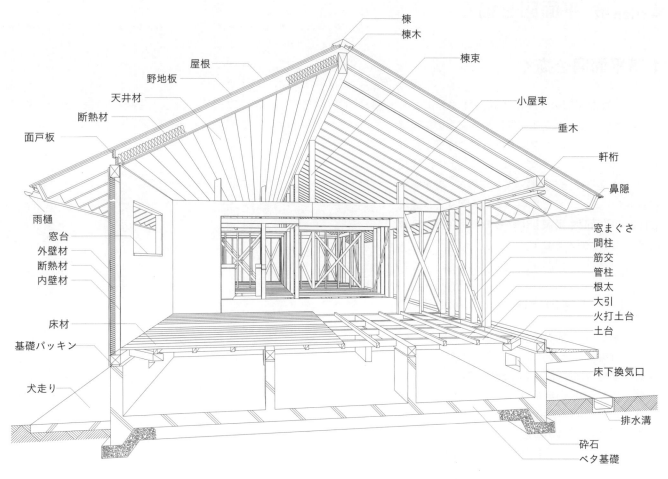

〈屋久島の家〉にみる木造軸組工法の構成部材とその名称

木造軸組構法の主要な構成部材

基礎・土台

　基礎は建物の荷重や外力を安定して地面に伝えるために設けられるものであり、現在ではほとんど鉄筋コンクリートで構築されます。土台は、基礎に埋められたアンカーボルトで固定され、土台に上に基本的には柱や間柱、筋交が接合されます。筋交と共に構造壁となる柱は、地震時に引き抜きの力が加わるため、基礎と直接接合できるホールダウン金物を用います。土台フレームの頂部には火打土台を入れて変形を防ぎます。

1階床組

　土台間を掛け渡すようにおよそ 900mm ピッチで大引を設けます。掛け渡すスパンが大きい場合は、束石の上に床束を設けて大引きを支えます。大引の上に根太を並べ、捨て合板を貼り付けることで床仕上げの下地材となります。床に剛性をもたせたい場合は、捨て合板の代わりに構造用合板を用います。

上階床組

　下の階の柱の上に柱を結ぶように梁を設け、さらに梁間を掛け渡すように小梁を設けます。それらの上に根太を並べ、捨て合板を貼り付けることで床仕上げの下地材となります。

柱・梁

　土台または梁の上に建てられた柱の間に、間柱を建てて壁の骨格を形成します。耐力壁となる箇所には、その柱間の対角線上に筋交を設け、変形を防ぎます。平面外形の頂点に位置する柱は上下階を貫通して設ける通し柱とし、その他の柱は階ごとに梁で分断される管柱とします。柱と直行方向に胴縁を並べ、壁仕上げ・下地材を支えます。

小屋組

　屋根構造は「小屋組」と呼ばれます。一般的に、主要な柱に桁や梁を架け、梁の上に棟束・小屋束を立てて、その上に母屋と棟木で斜面の骨格を形成し、その上に垂木を並べ、野地板を貼り付けることで斜面を形成します。その構造は主に伝統工法を引き継ぐ和小屋と西欧建築の構法を取り入れた洋小屋の2つに分類されます。和小屋は形状・大きさの柔軟性が高く、現代の木造軸組構法住宅の多くに用いられています。洋小屋は斜材を用いたトラス構造により構造強度を高めたもので、大きなスパンを掛け渡す場合に適しており、無柱の大きな屋根空間をもつ建物に用いられることが多いです。

section 02　平面図を描く

1階平面図を描く

　より詳細な製図の手順はchapter1を参考にしてください。なお、手順を解説する図面の縮尺は1/100ですが、表現内容は木造軸組の様子が描ける1/50の仕様となっています。折図8に縮尺1/50の1階平面図を掲載しているので、参照しながらトレースしてください。また折図9には縮尺1/100の平面図も掲載しているので、各々の表現内容を比較してみましょう。

手順1　柱・間柱の作図

① 基準線を描く（細線の1点鎖線もしくは捨て線）
② 基準線番号を記入する
③ 柱・間柱の補助線を描く（捨て線）
④ 柱を描く（中線の実線）
⑤ 柱の断面記号［×］を描く（細線の実線）
⑥ 間柱を描く（中線の実線）
⑦ 間柱の断面記号［／］を描く（細線の実線）

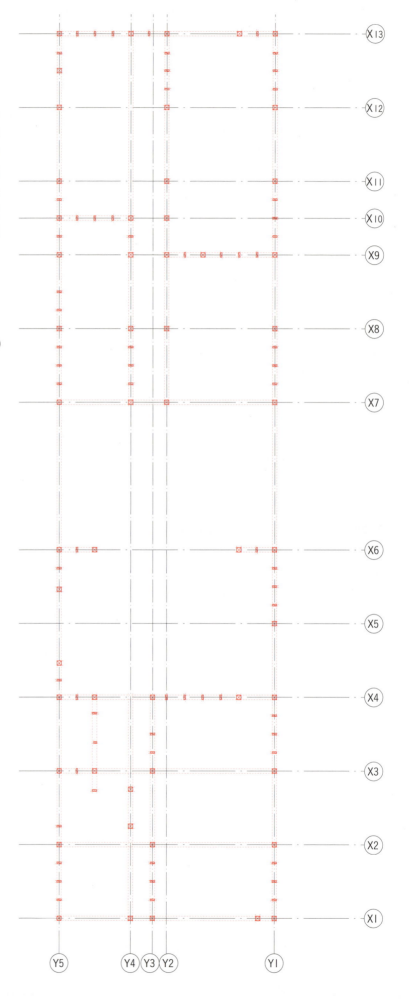

scale：1/100

手順 2　壁の作図

① 壁の仕上げ材を描く（細線の実線）
② 建具の枠を描く（細線の実線）
③ 壁面断面の外形線をなぞる（太線の実線）

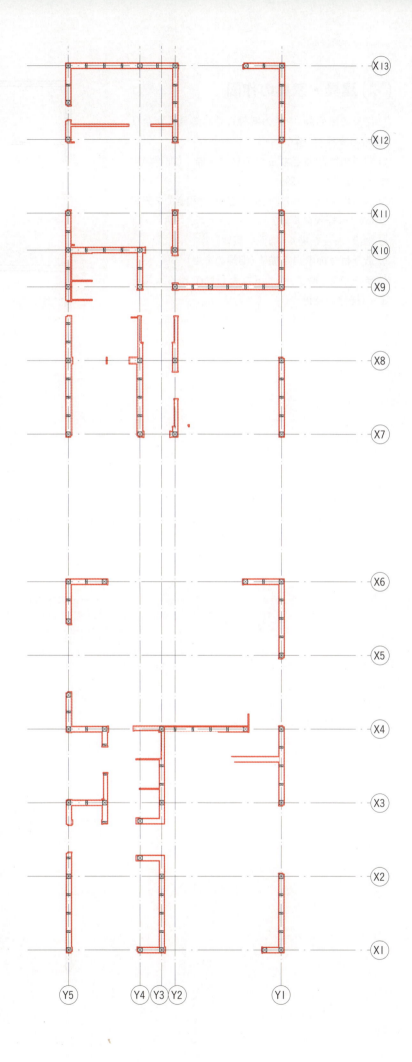

scale：1/100

section 02 平面図を描く

手順3 建具・家具の作図

① 建具の断面線(中線の実線)、建具の見えがかり(細線の実線)を描く
② 建具の開閉時どちらかの軌跡を描く(細線の実線または細線の点線)
③ 引戸のスライド方向(引き違い、片引き)を矢印で示す(極細線の実線)
④ 階段・段差を描く(細線の実線)
⑤ 造り付けの家具を描く(細線の実線)
⑥ テーブル、椅子、ベッドなど移動できる家具を描く(細線の点線)

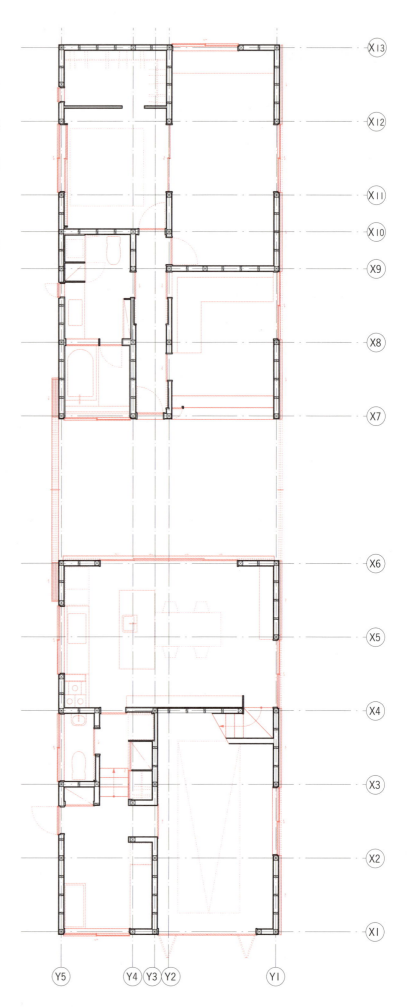

scale：1/100

手順 4　目地・外構の作図　寸法・文字の記入

① 床の目地を描く（極細線の実線）
② 外構のスラブと階段を描く（中線の実線）
③ エントランスの記号［▲］を描く（塗りつぶし）
④ 寸法線を描く（細線の実線）
⑤ 文字・寸法数値の補助線を描く（捨て線）
⑥ 寸法数値を記入する
⑦ 室面を記入する
⑧ 不要な線や図面の汚れを字消し板を使い消す

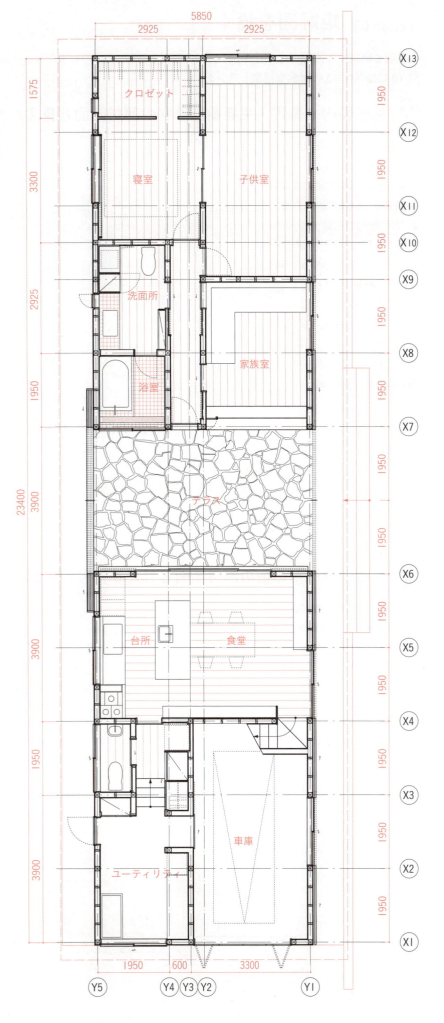

scale: 1/100

section 03 矩計図を描く

手順を解説する図面の縮尺は 1/60 ですが、表現内容は 1/30 の仕様です。トレースは 1/30 で行ってください。なお、折図 10 に縮尺 1/30 の図面を掲載しています。

手順1 切断面内の基礎・主要構造部材の部材断面と見えがかりの作図

① 基準線を描く（細線の1点鎖線または捨て線）
② GL を描く（極太線の実線）
③ 基礎を描く（中線の実線）
④ 切断面内の主要構造部材の断面を描く（中線の実線）
⑤ 主要構造部材の断面記号を描く（細線の実線）。室内に見えている化粧材はハッチングで表示する（極細線の実線）
⑥ 切断面内主要構造部材の補助線を描く（捨て線）

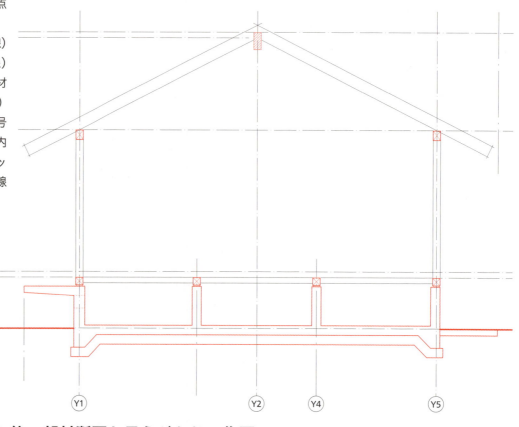

手順2 切断面内のその他の部材断面と見えがかりの作図

① 切断面内のその他の部材断面を描く（中線の実線）
② 切断面内のその他の部材の見えがかりを描く（細線の実線）
③ 開口部の部材断面を描く（中線の実線）
④ 造作家具の部材断面を描く（中線の実線）
⑤ 切断面の外形線をなぞる（太線の実線）

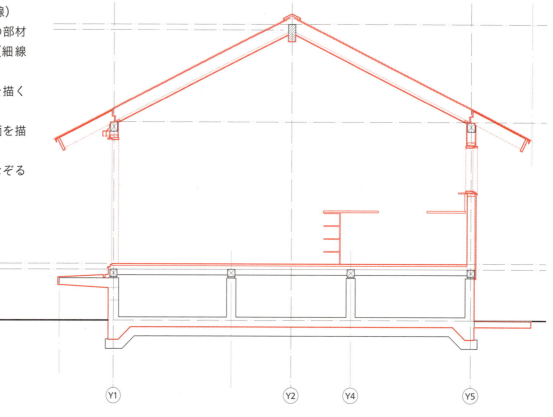

scale : 1/60

手順3 建具・家具・材料表示記号の作図

① 家具の見えがかりを描く（細線の実線）
② 切断面の材料表示記号を描く（極細線の実線）

手順4 寸法・文字の記入

① 寸法線・引き出し線（細線の実線）、寸法数値、文字を記入する

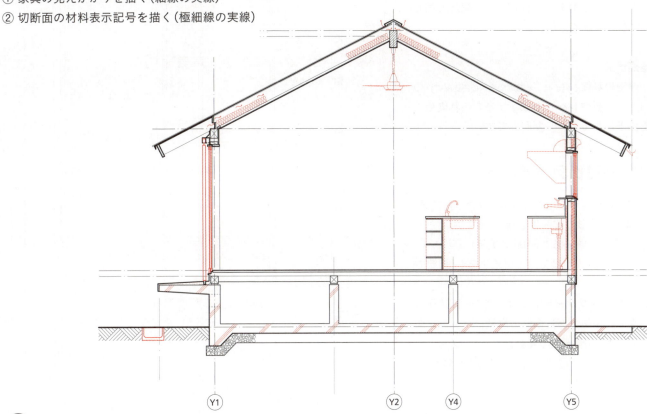

scale：1/60

section 04 構造伏図を描く
基礎伏図・床伏図・小屋伏図を描く

　伏図とは、上から見下ろした形状が記載された図面（見下げ図）で、主に構造図に用いられる図面です。
　トレースは掲載した構造伏図の縮尺と同じ1/100で行ってください。

基礎伏図

　建物の基礎（⇒【p.41　木造軸組構法の主要部材】）の形状や配置やレベルを図示するため基礎全体を見下ろして表わした図面です。

作図手順 基礎伏図の描き方

① 基準線を描く（細線の1点鎖線または捨て線）
② 基礎の外形の補助線を描く（捨て線）
③ 基礎の外形を描く（中線の実線）
④ 床下換気口と換気扇の位置を描く（細線の点線）
⑤ 土間コンクリート部にコンクリート記号（3本線のハッチング）、浴室の腰壁にハッチングを追加する（極細線の実線）
⑥ フーチングの外形を描く（細線の点線）
⑦ 寸法線を描き（細線の実線）、寸法数値を記入する
⑧ 部位の名称とその仕様とレベルを記入する

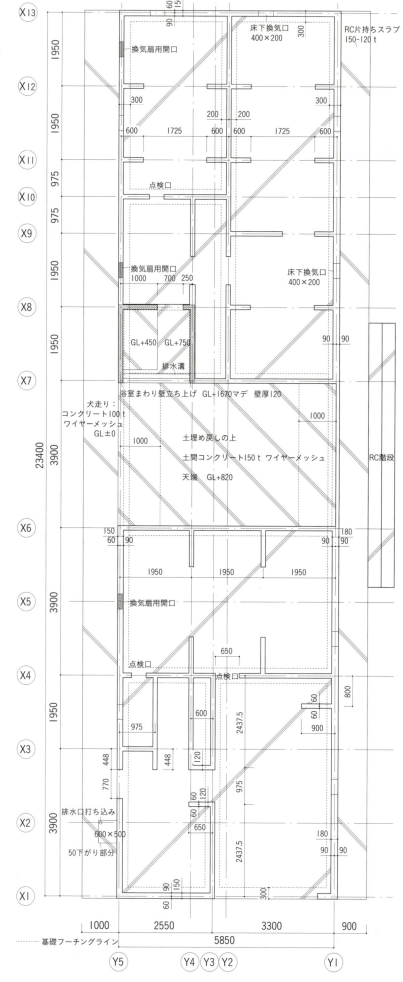

基礎モデル

基礎伏図　S=1/100

床伏図

1階の床の骨組みを見下ろして表わした図面で、「土台」「大引」「根太」「根太掛け」「床束」「床合板」(⇒【p.41 木造軸組構法の主要部材】)などの配置・寸法・継手・材種などを表現します。

作図手順 床伏図の描き方

① 基準線を描く（細線の1点鎖線または捨て線）
② 土台・火打土台・大引を下描きする（捨て線）
③ 土台・火打土台・大引を描く（中線の実線）
④ 柱を描き（太線の実線）、断面記号[×]を描く（細線の実線）
⑤ 根太を単線で描く（細線の実線）
⑥ 筋交記号を描く（中線の実線）
⑦ 寸法線を描いて（細線の実線）、寸法数値を記入する
⑧ 凡例を記入する

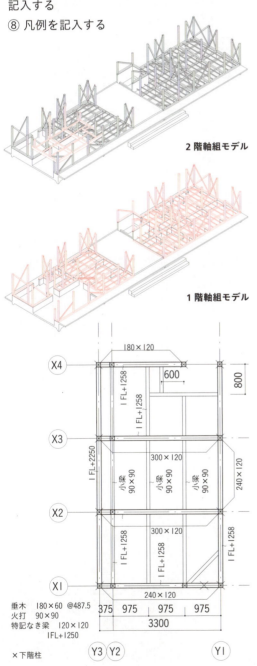

2階軸組モデル

1階軸組モデル

2階床伏図　S＝1/100

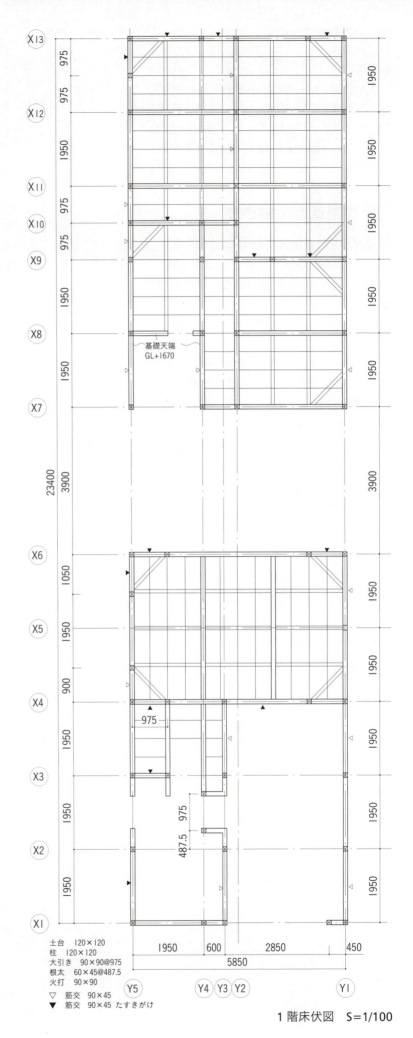

1階床伏図　S＝1/100

section 04 構造伏図を描く

小屋伏図

小屋伏図とは、屋根の小屋組を上から見下ろした図面で、「小屋梁」「火打梁」「小屋束」「母屋」「棟木」「隅木」「谷木」「垂木」「野地板」（⇒【p.41 木造軸組構法の主要部材】）などの配置・部材断面寸法・継手・材種などを表わします。

作図手順 小屋伏図の描き方

① 基準線を描く（細線の一点鎖線）
② 軒桁・妻梁・小屋梁を下描きする（捨て線）
③ 軒桁・妻梁・小屋梁・火打梁などを描く（中線の実線）
④ 棟木・母屋を描く（中線の実線）
⑤ 垂木を描く（細線の実線）
※屋久島の家では母屋が省略され垂木が構造材として用いられているため複線で表現している。垂木が面をつくるための二次部材であれば根太と同様に単線で表現する
⑥ 下階の柱位置に［×］を描く（細線の実線）
⑦ 寸法線を描き（細線の実線）、寸法数値を記入する
⑧ 部材の範囲を描き（極細線の実線）、部材断面寸法を記入する。必要に応じて部材名称も併記する
⑨ 凡例を記入する

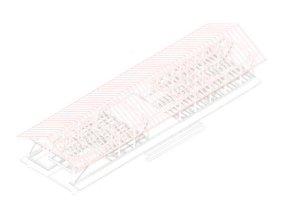

小屋組モデル

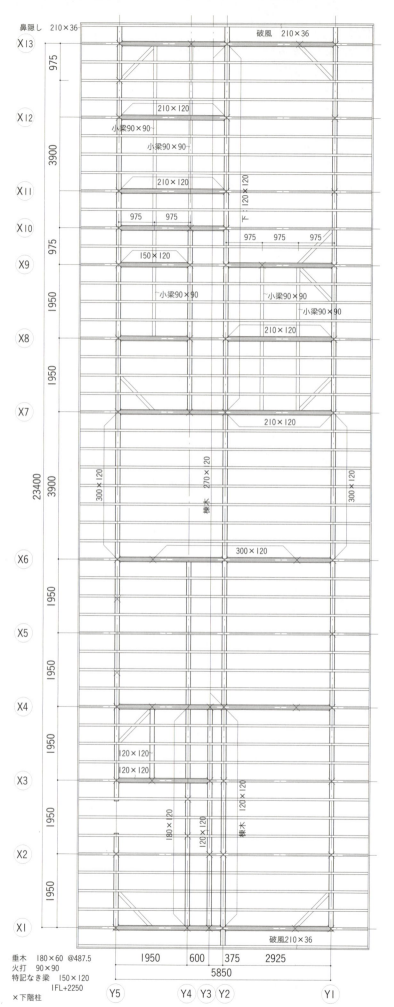

小屋伏図　S＝1/100

section 05　配置図を描く

　配置図は、基本的に接道関係や敷地内での建物の配置、植栽やアプローチなどの外構のデザインを表現します。さらに作図範囲を広げて周辺環境まで含めれば、建物の外形や内部空間がどのように環境と対応しているかを表わすことができます。図面全体のバランスを考えながら植栽や外部の仕上げを描き込むと臨場感のある図面となり、家具や人などを描き込めばスケール感を伝えやすくなります。平面と立面の植栽や外部仕上げの表現例を下の図にまとめました。水彩絵具などを用いる場合は、用紙を水貼りすると紙の反りを抑えることができます。

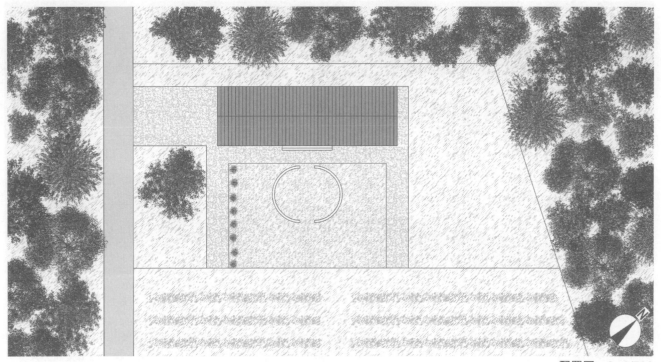

配置図　S＝1/500

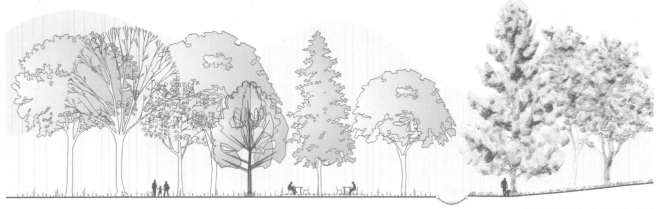

植栽や仕上げの表現事例　立面

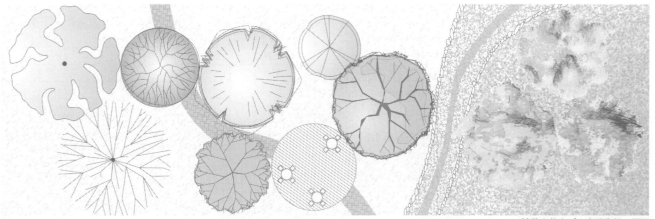

植栽や仕上げの表現事例　平面

section 06 軸組模型をつくる

軸組模型は、主として柱と梁で構成された構造体の模型であり、部材同士の取り合いや荷重の伝達システムなどを把握するために製作されます。美しい構造フレームは力学的な合理や構法的合理を兼ね備えており、軸組模型を制作することで、構造フレームの特性を把握することができます。

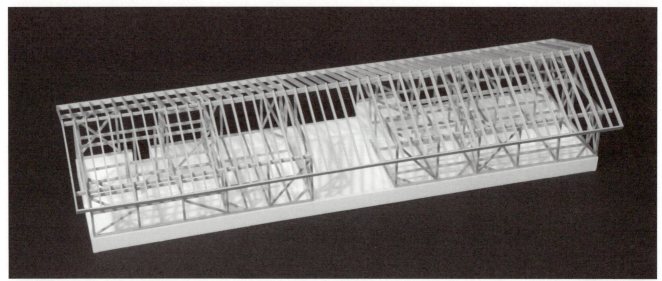

〈屋久島の家〉軸組模型

軸組図

軸組図は、X軸Y軸のそれぞれの軸の構造部材の関係を図示したものであり、主要な軸の手前で構造モデルを切断し、切断面及びその軸通りの部材のみを図示したものです。通常、軸組模型を制作する前に、構造伏図と軸組図で架構のスタディを行います。

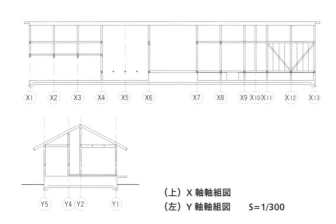

（上）X軸軸組図
（左）Y軸軸組図　S=1/300

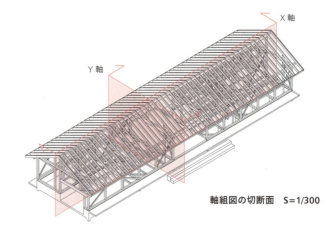

軸組図の切断面　S=1/300

手順1　線材の選定

軸組模型の線材は一般的にヒノキ角材、基礎にはスチレンボードを用います。ヒノキ角材の流通材には様々なサイズがありますが、実際の部材を縮尺に即して選択すると限界があるので、そこは部材寸法を近似して、ヒノキ角材を選ぶと良いでしょう。今回の屋久島の家の軸組模型を1/50で制作するので、その場合の部材寸法を近似したヒノキ材を表でまとめました。ヒノキ角材は近隣の画材屋や、オンラインショップなどでも入手することが可能です。

部材の寸法と模型用ヒノキ材の選択

部材名称	実際の寸法	1/50模型のヒノキ角材
柱・束・土台	120×120	2×2
火打材	90×90	2×2
根太	45×60	1×1
梁	90×90	2×2
	120×150	2×3
	120×180	2×4
	120×210	2×4
	120×240	2×5
	120×300	2×6
垂木	60×180	1×4
破風・鼻隠	36×210	0.5×4

手順2 角材の切り方

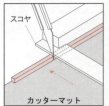  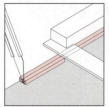  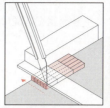 

① 切り出したい寸法より1mm長くカットする。溝を切るときはカッターマットの端にスコヤをあてると安定する

② 必ず4周溝を入れてから、手で軽く折り曲げると、簡単に切断できる。溝を切った面は、切断面が乱れる

③ 同じ部材が何本も必要な場合は、はじめの部材を角材にあて、刃先で端部を揃えて切断位置を定め②の作業を繰り替えす

④ 本数が多い場合は、片方の先端をそろえ、メンディングテープ等を巻きつけて仮固定する

⑤ そぎ落とすように片側の端部をカトし、もう片方で長さを調整する

⑥ 切断面がよりキレイになるよう紙やすりで研ぐことで切断面をより平滑に整える

手順3 基礎の作成

住吉の長屋のスチレンボードを用いた白模型の作成手順に従って、基礎を作成する。

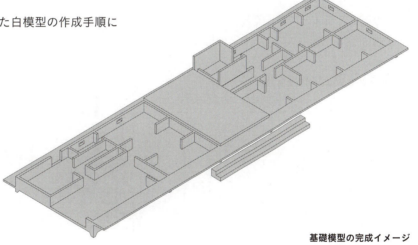

基礎模型の完成イメージ

手順4 床組の組み立て

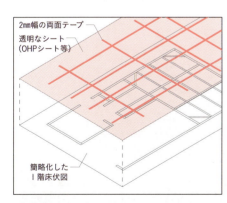 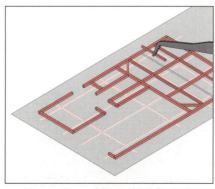 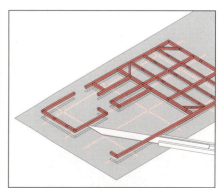

① 簡略化した1階床伏図に透明なシートを重ね両面テープで固定する。次に2mm幅の両面テープを使い、全ての部材を仮固定できるよう配置していく

② 手順2で切り出した部材を1階床伏図を基準に仮配置し、接合面に接着剤を塗って部材同士を固定する。小さい部材はピンセットを用いる

③ 部材同士がしっかり固定された後に、刃を長めに出したカッターで、部材と両面テープ・透明シートを丁寧に少しずつ引き剥がす

section 06 軸組模型をつくる

手順5 床組の配置

①手順4で組み上げた1階床組を基礎に接合する

手順6 柱と2階床組の配置

①1階床組の上に通し柱を建てる
②2階床の桁を通し柱に固定する
③2階床伏図の上に手順4と同様に梁と小梁を組み立てる
④③で組み立てた梁と小梁のユニットを②の桁の位置に合わせて接合する
⑤梁と小梁ユニットの上に管柱を建てる

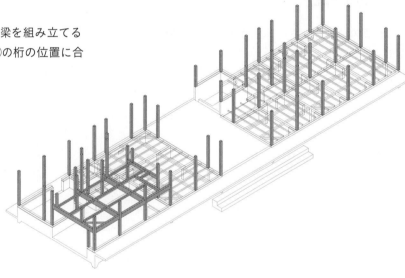

手順7 筋交の配置

① 手順4と同様、X軸及びY軸の軸組図を参考に筋交の部材を切り出す
② 柱の間に筋交を固定する

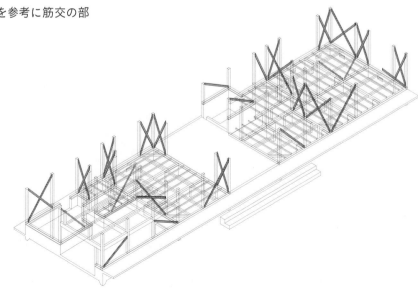

手順 8　小屋組の配置

① 手順4と同様、X軸通りの軸組図を下敷きにして、X軸の各通りのごとにユニットを組み立てる
② 軒桁、棟をY軸通りの軸組図を参考に切り出し、垂木の位置に印をつける
③ 軒桁を柱の上に固定する
④ ①で作ったユニットを固定する
⑤ 棟を固定する

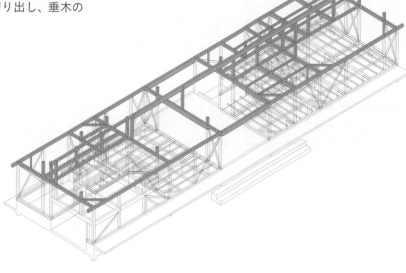

手順 9　垂木などの配置

① X軸通りの軸組図を参考に垂木、鼻隠し、破風を切り出す
② 手順8でつけた印に沿って、垂木を固定する
③ 垂木先に鼻隠し、垂木に沿って破風を固定する

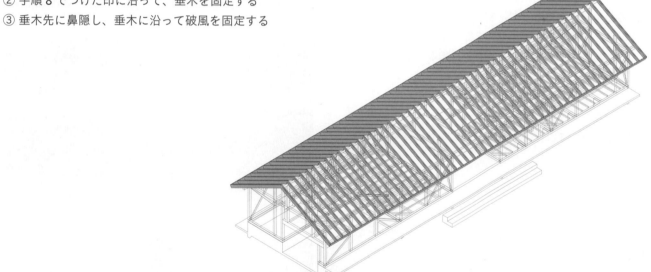

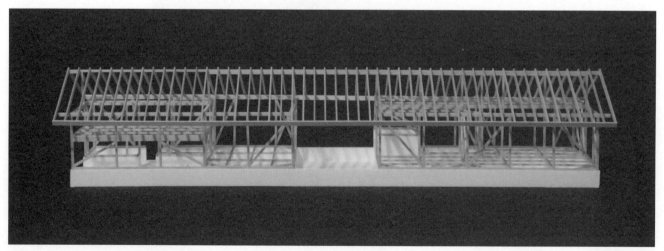

軸組モデル完成

column —— 読解〈屋久島の家〉

大自然のコートハウス

　生活に必要なあらゆるスペースを、できるだけコンパクトでシンプルな平面プランに集約し、壮大で豊かな自然環境と対峙するシェルター（雨風をしのげる場所）をつくりだしたのが、〈屋久島の家〉です。

手付かずの自然が残る島
　屋久島は、鹿児島県の南西約60kmの海上に位置する島です。島の約90％が森林で覆われ、屋久杉自生林や西部林道など約21％がユネスコの世界遺産にも登録されるなど、豊かで美しい自然が残されています。しかし自然は美しくもありながら厳しいものです。海からの湿った風は1000〜1900m級の山々にぶつかり「屋久島は月のうち35日は雨」と表現されるほど大量の雨をもたらします。さらに、5〜10月に上陸する台風により、外を出歩くことができないほどの暴風・暴雨が吹き荒れます。

大自然と対峙しつつ連続する住宅
　このように、時に猛威を振るう大自然の中で日々の生活を送るための住宅にとって、例えば景色を楽しむために大きな開口部を設け、内外の空間を無防備に連続させることなどは、危険と困難をともないます。そこで設計者は、

「激しい雨や風、そして強烈な湿気から生活を守るシェルターとしての建築のあり方を追求し、また島の等身大の生活を見つめながら建物の機能性と合理性を真正面からとらえる[1]」

ことを目指します。そうして生まれたこの住宅では、生活に必要な諸処のスペースをできるだけコンパクトに矩形の平面プランに集約し、切妻屋根を山の稜線に沿って架けることで、雄大な自然と対峙しています。
　一方、平面プランを2分するように設けられた石張りのテラスは、雨戸によって自在に開閉可能な設計がなされています。閉じれば風雨から身を守り、開け放てば緑溢れる美しい自然がそよ風とともに内部に押し寄せます。このテラスが、内部と外部との親和性を高めています。
　また、素材や細部の納まり（ディテール）には、機能性と耐久性を考慮し、木や石といった素朴で丈夫な自然素材が用いられることで、大自然に根を下ろす自生的な建築の佇まいを生みだすとともに、内部空間にも自然の大らかさを引き込んでいます。

周辺環境に開くコートハウス
　通常、コートハウスというものは外壁で外部空間を切り取り、その上部に屋根を設けないことで空への垂直的な開放性を確保します。対して〈屋久島の家〉は、屋根によって内外を分節し、かつ開閉式の雨戸で水平の境界面を可動にすることで、水平方向の開放性を獲得しています。それゆえ〈屋久島の家〉は、周辺環境に開くという、コートハウスの新たな可能性を切り開いた住宅ともいえます。

註
1) 出典：堀部安嗣（2007）『堀部安嗣の建築』TOTO出版

〈屋久島の家〉全景（撮影：堀部安嗣）

屋久島の大自然

〈屋久島の家〉テラス（撮影：堀部安嗣）

東大阪の家 | House in Higashi-Osaka

撮影:平井広行

Introduction 〈東大阪の家〉について

東大阪の家　House in Higashi-Osaka

〈東大阪の家〉は、大阪郊外のマンションや戸建て住宅が建ち並ぶ住宅街のなかに建っています。ほとんどの建物が前面道路に正対して建ち並ぶ場所の一角です。この敷地条件が空間の骨格を決定しています。道路側は繊細なデザインの格子が取り付けられたテラスが配置されており、奥にある中庭では、外部階段が下階から上階に向けてテラスをつなぐように配置され、最上階のリビング・ダイニングの空間へと連続しています。天井の高いリビングは、半透明の庇が室内まで入り込み、密集した住宅地とは思えない開放的な空間になっています。街、そして住宅の外部と内部が連続しており、住宅のひとつの特殊解でありながら、鉄骨造の工法や、工業製品を多用したプロトタイプとしての可能性を提示しています。

所在地	大阪府東大阪市
主要用途	専用住宅
敷地面積	115.71 m²
建築面積	69.32 m²
延床面積	186.68 m²
構造	鉄骨造
規模	地上3階
竣工	1997年4月

岸和郎　Waro Kishi

1950年神奈川県横浜市生まれ。1978年京都大学大学院修士課程建築学専攻を修了し、1992年にK・ASSOCIATES/Architectsを設立。代表作に〈日本橋の家〉〈紫野和久傳〉〈ライカ銀座店〉〈曹洞宗佛光山喜音寺〉など。

3階のリビングと中庭、テラス（撮影：平井広行）

3階平面図　S=1/200

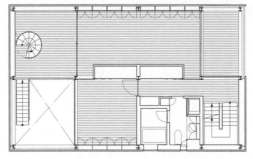

2階平面図　S=1/200

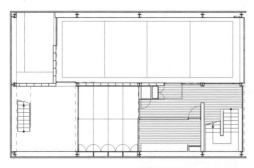

1階平面図　S=1/200

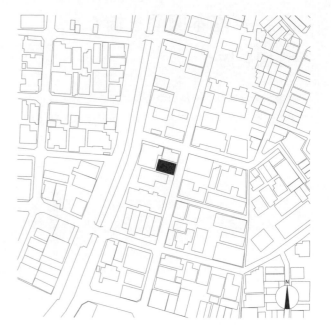

配置図　S=1/2500

テラスから3階リビング・ダイニングを見る（撮影：平井広行）　リビングから北西の中庭、テラスを見る（撮影：平井広行）

section 01　基本図面を描く
平面図を描く

　鉄骨造では通り芯を柱の中心線に描きます（⇒【p.14〜19、p.42〜45　平面図の作図手順】）。なお、掲載した平面図の縮尺は1/100ですが、表現内容は鉄骨造の納まりが描ける1/50の仕様です。実際のトレースは1/50で行ってください。

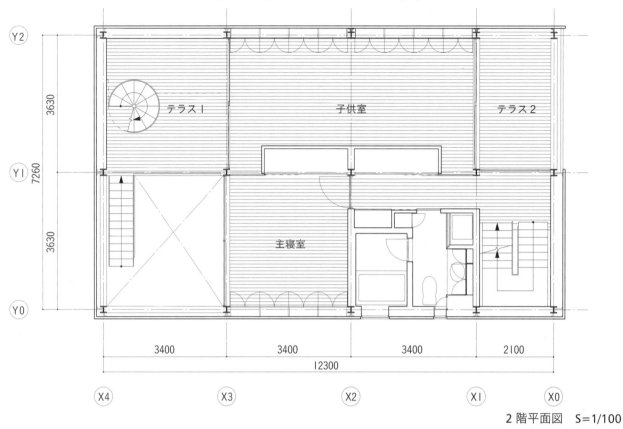

2階平面図　S=1/100

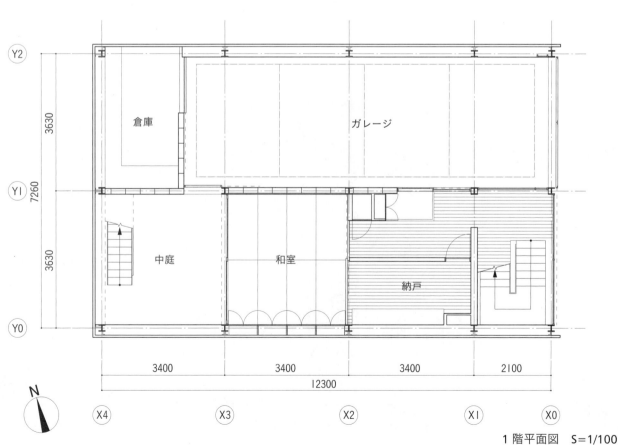

1階平面図　S=1/100

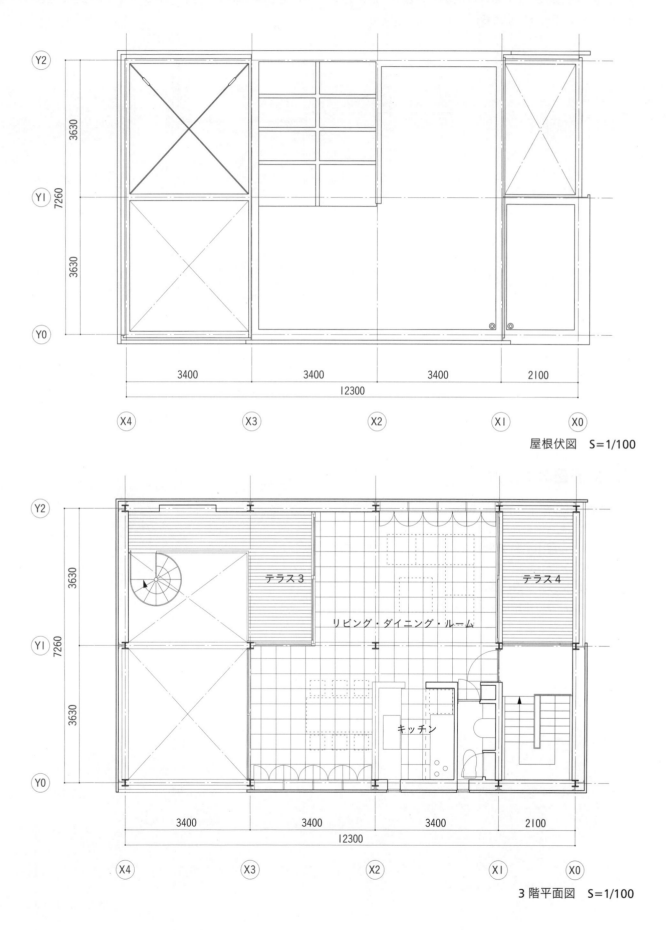

屋根伏図　S=1/100

3階平面図　S=1/100

立面図を描く

立面図の作図手順は chapter1 を参考にしてください（⇒【p.27　西立面図を描く】）。なお、トレースは掲載した立面図の縮尺と同じ 1/100 で行ってください。

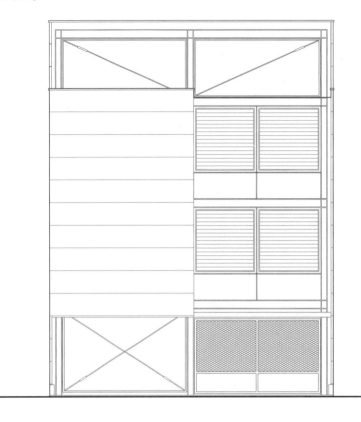

東立面図　S＝1/100

作図手順　立面図の描き方

① 地盤面（GL）からの高さ、壁芯、柱芯などの基準線を描く（細線の1点鎖線または捨て線）
② 基準線から屋根や壁の厚さを考慮して外形の補助線を描く（捨て線）
③ 前面の壁面の外形線（太線の実線）、後ろにセットバックした壁面の外形線（中線の実線）を描く
④ 開口部の外形を描く（中線の実線）
⑤ H鋼、ブレース、建具枠、壁面仕上げなどを描く（細線の実線）
⑥ 中空セメント板、格子、エキスパンドメタルなどの素材の目地などを描く（極細線の実線）

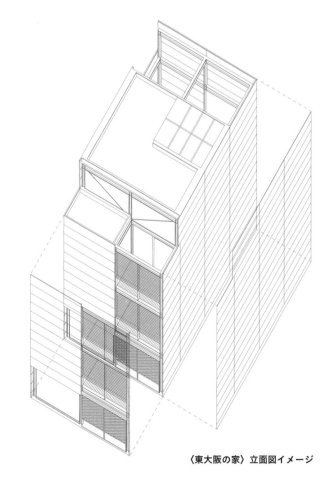

〈東大阪の家〉立面図イメージ

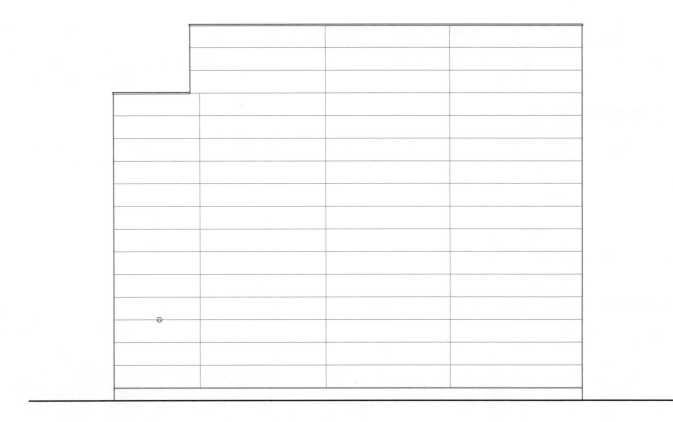

南立面図　S=1/100

北立面図　S=1/100

断面図を描く

断面図の手順は、chapter1を参考にしてください。(⇒【p.22～25 断面図Aを描く】)。なお、掲載した断面図の縮尺は1/100ですが、表現内容は1/50の仕様です。実際のトレースは1/50で行ってください。

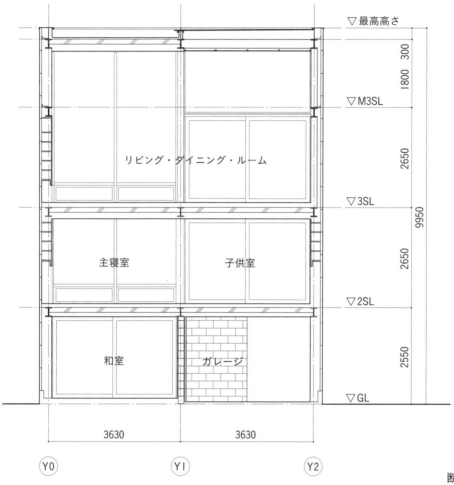

断面図A　S=1/100

作図手順　断面図の描き方

① 地盤面(GL)からの高さ、壁芯、柱芯などの基準線(細線の1点鎖線または捨て線)と通り芯記号を描く（細線の実線）
⇒断面図では階高の床のレベル(FL)で表示しますが、鉄骨造では構造体(鉄骨梁)の天端の高さ(SL)で表わすことがある(東大阪の家ではスラブと鉄骨梁が同じ天端)

② H鋼の梁、コンクリートスラブ、外壁材、収納など切断面内の部材の補助線を描く(捨て線)

③ 切断面内の部材の断面を描く(中線の実線)

④ 床仕上げ線、天井仕上げ線の補助線を描く(捨て線)

⑤ 切断面の外形線をなぞる(太線の実線)

⑥ 切断面内の見えがかりを描く(細線の実線)

⑦ 切断面以外の見えがかりを描く(細線の実線)

⑧ 寸法線を描いた後(細線の実線)、文字・数値を記入する

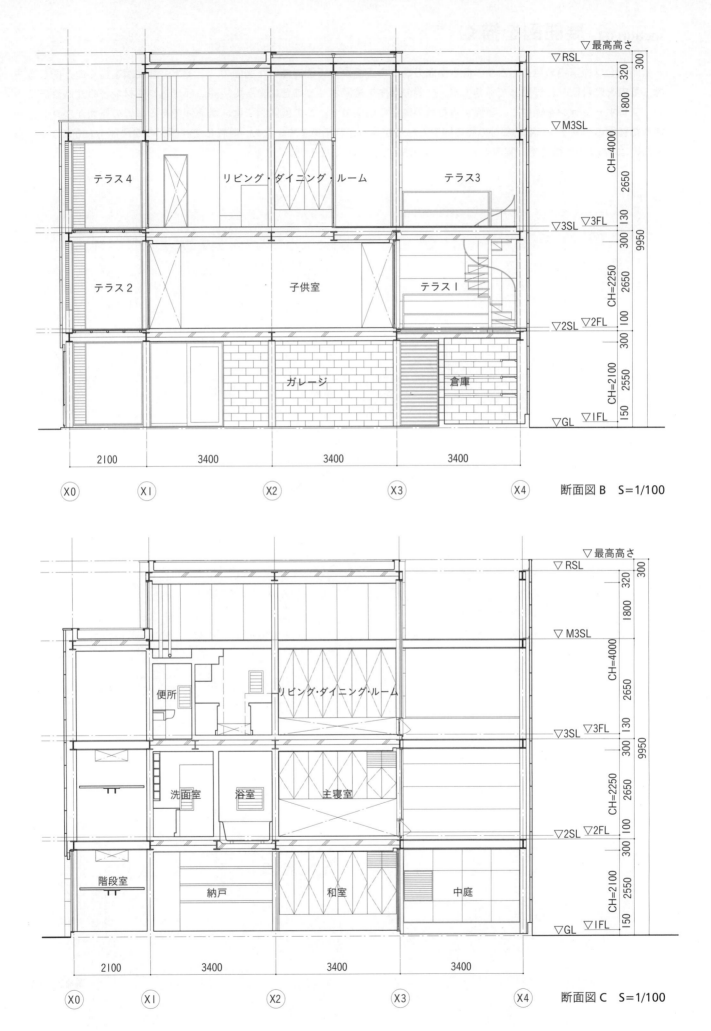

section 02 展開図を描く

　展開図とは、室内の見えがかりである壁面の構成を正面から正確に描いた図面のことです。立面図を描くのと同じ方法で、室内を時計回りに展開していきます。展開の順序を連続させることによって、開口部や造作部材などの寸法やデザイン、プロポーションを検討し、表現するための重要な図面です。この展開図では、構造体である鉄骨の見えがかり、分割された壁面のデザイン、収納部分の扉の開き方などが表わされています。なお、掲載した展開図の縮尺は1/100ですが、表現内容は1/50の仕様です。実際のトレースは1/50で行ってください。

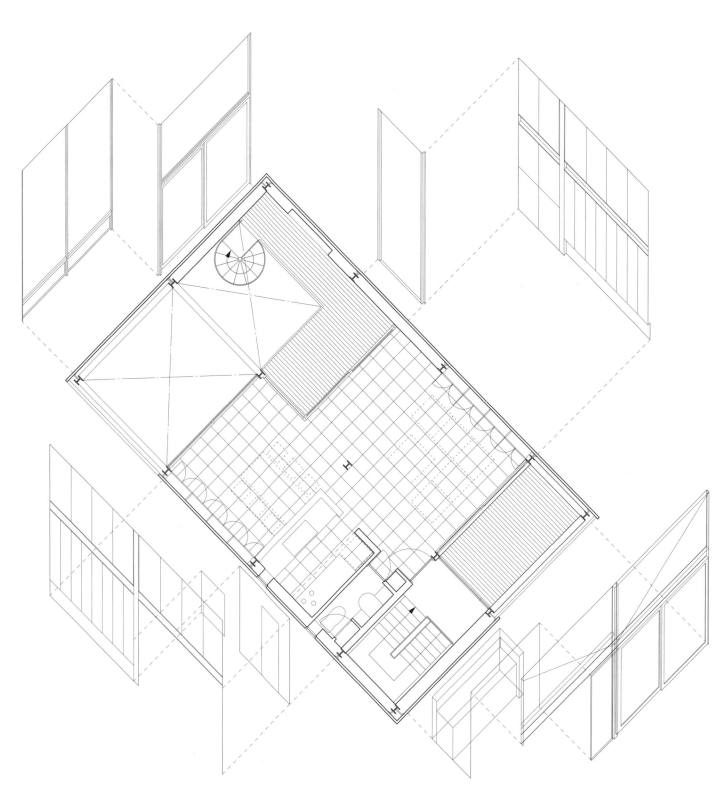

展開図の考え方

展開図 A
　立面図や平面図からは読み取れない、サッシュやガラスの大きさとプロポーションの関係がよくわかります。
展開図 B
　展開図は、壁面収納の扉の開き勝手などを伝える役割ももっています。
展開図 C
　キッチンまわりの納まり、造り付けの収納棚などの寸法を詳細に記すことができます。
展開図 D
　壁面に表われる目地や構造体、収納扉、開口部の構成がよくわかります。

作図手順　展開図の描き方

① 床レベル（FL）天井高さ（CH）壁芯、柱芯などの基準線（細線の1点鎖線または捨て線）と通り芯記号を描く（細線の実線）

② 内壁の仕上げ線や建具、およびH鋼の梁、収納の部材などの補助線を描く（捨て線）
　⇒展開図では切断面内の部位は基本的に作図しないが、主要構造部材を表現することがある

③ 建具の切断線、切断面内の部材の断面を描く（中線の実線）

④ 室内側の切断線をなぞる（太線の実線）

⑤ 建具、収納の扉、造作家具、仕上げ材などの見えがかりを描く（細線の実線）

⑥ パネルやタイルなど素材の目地を描く（極細線の実線）

⑦ 寸法線を描いた後（細線の実線）、文字・数値を記入する

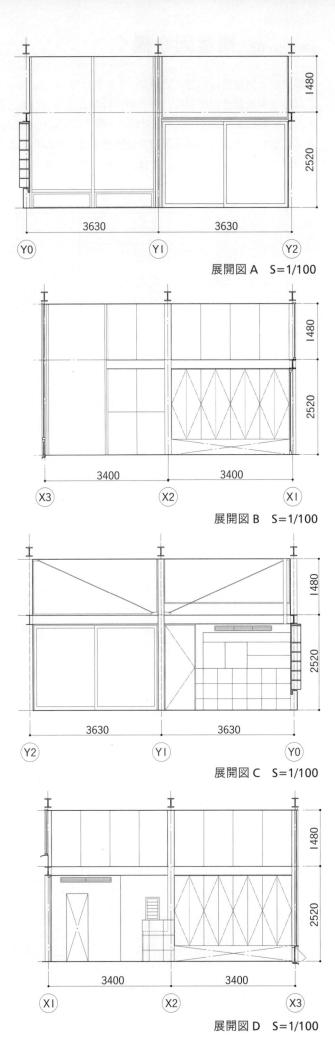

展開図 A　S=1/100

展開図 B　S=1/100

展開図 C　S=1/100

展開図 D　S=1/100

section 03 構造図を描く

　鉄骨造の構造図は木造と同様に、主に梁伏図(⇒【p.49 床伏図の描き方】)と軸組図(⇒【p.52 軸組模型をつくる】)で表わします。梁伏図は各階平面図に対応して、階の床面にある梁の掛け方と配置を示し、部材を記号化して記載します(⇒【p.69 部材リスト】)。また、軸組図は断面図に対応した図で、通り芯毎に柱と梁の構成を描いており、ブレースや高さ方向の寸法が記入されています。どちらの図面も構造部材の全体構成をモデル化したもので、この図をもとに構造計算を行い、詳細な鉄骨の制作図を作成することができます。なお、トレースは掲載した構造図の縮尺と同じ1/100で行ってください。

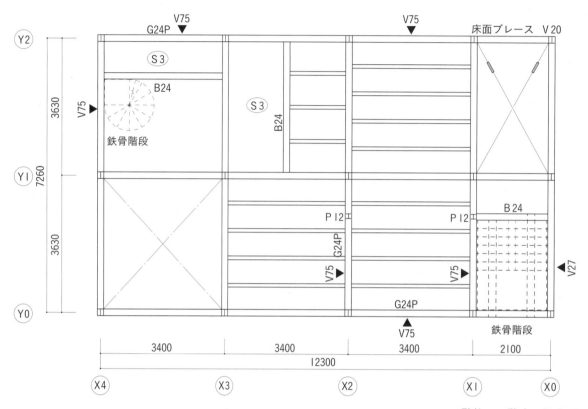

3階柱・3階床　梁伏図　S=1/100

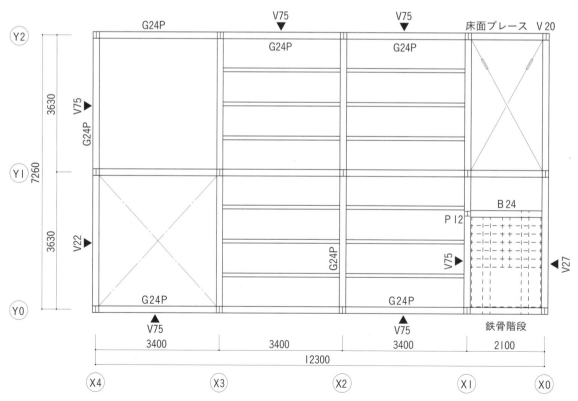

2階柱・2階床　梁伏図　S=1/100

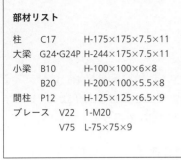

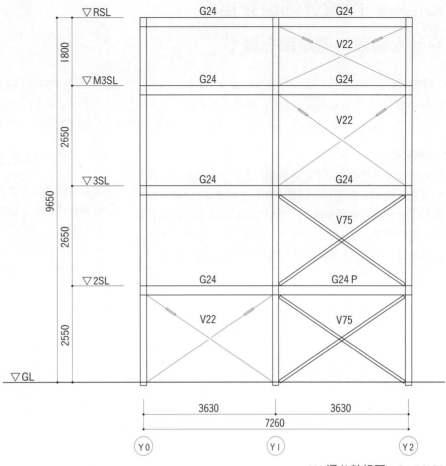

X4 通り軸組図　S=1/100

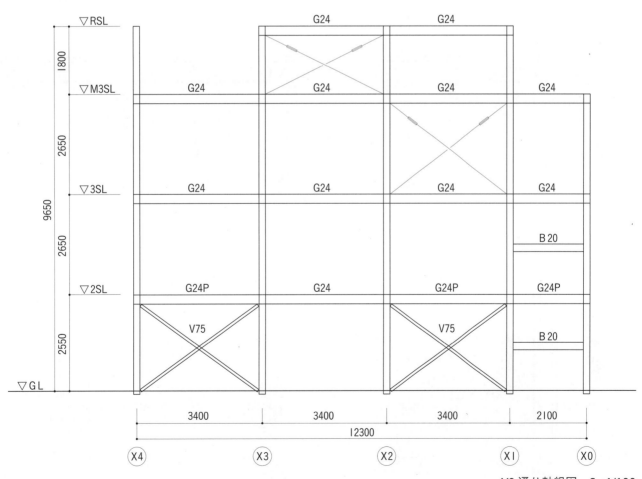

Y0 通り軸組図　S=1/100

section 04 階段詳細図を描く
らせん階段・直階段を描く

　建物の部分について、適切な縮尺によって形状とつくり方を示す図面を部分詳細図といいます。「部分詳細」は「ディテール」と表現することもあります。建築のディテールは、設計者によって厳密に考えられた寸法と素材で成り立っています。ここでは、階段詳細図を紹介します。なお、トレースは掲載した階段詳細図の縮尺と同じ1/50で行ってください。

階段詳細図

　階段は人の視線や上下する動線、上下階をつなぐ吹抜けや採光を生かした多様な設計が検討されます。〈東大阪の家〉には3つの階段があり、まずは屋外にある直階段とらせん階段を紹介します。木やコンクリートに比べて強度が高い鉄は、細く薄い部材で軽快な印象を与える空間をつくることができます。

作図手順　平面詳細図の描き方

① 詳細図で表わす内容に合わせて縮尺を決める
② 階段の周辺平面図を描く
③ らせん・直階段と手すりなどを描く
④ 階段の踏面や段数を記載する
⑤ 必要な寸法や部材を記入する

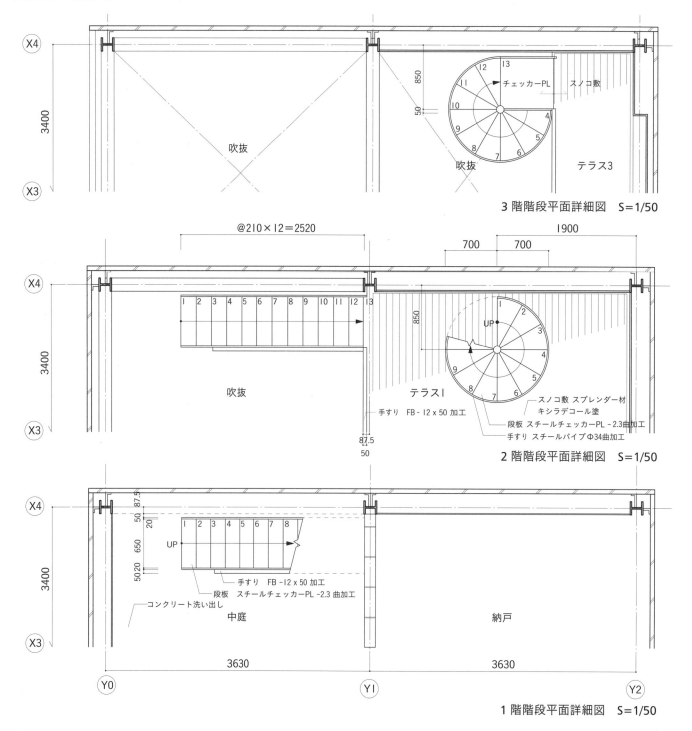

3階階段平面詳細図　S=1/50

2階階段平面詳細図　S=1/50

1階階段平面詳細図　S=1/50

作図手順 断面詳細図の描き方

① 平面詳細図に合わせて縮尺を決める
② 階段の周辺の断面図を描く
③ らせん・直階段と手すりなどを描く
④ 必要な寸法や部材を記載する

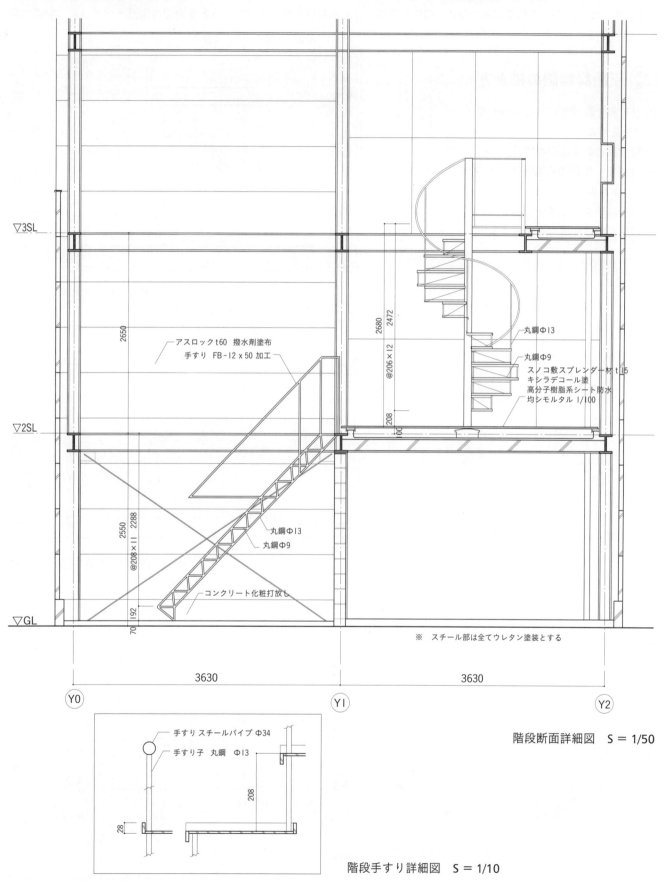

階段断面詳細図　S = 1/50

階段手すり詳細図　S = 1/10

section 04　階段詳細図を描く

折り返し階段を描く

〈東大阪の家〉のもうひとつの階段は玄関のすぐ横に位置する、室内の折り返し階段です。この階段は、5mmのスチールプレートと、蹴上・踏面に集成材を取りつけてつくられています。木材は室内の床と素材を合わせるだけでなく、上り下りの際に滑りにくいという利点があります。階段の荷重を支える薄いスチールプレートと稲妻型の側面デザインが、空間に軽快な印象を与えています。

作図手順　平面詳細図の描き方

① 詳細図で表わす内容に合わせて、縮尺を決める
② 階段周辺の平面図を描く
③ 折り返し階段の各階平面図と手すりなどを描く
④ 階段の踏面や段数を記載する
⑤ 必要な寸法や部材を記載する

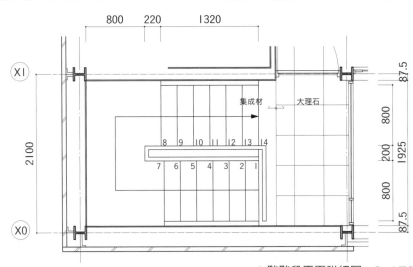

3階階段平面詳細図　S=1/50

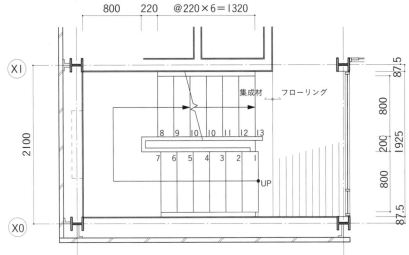

2階階段平面詳細図　S=1/50

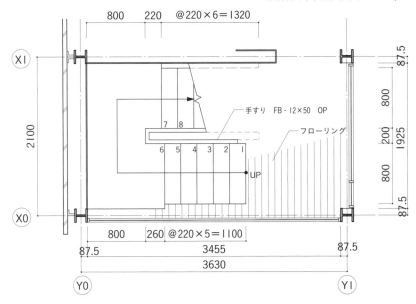

1階階段平面詳細図　S=1/50

作図手順 断面詳細図の描き方

① p.71の「断面詳細図を描く」作図手順と同様に、断面詳細図を描く

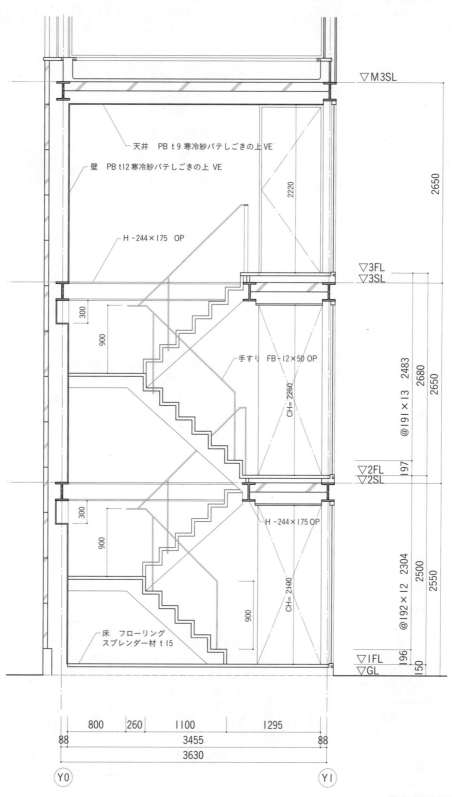

階段断面詳細図　S＝1/50

section 05　アクソメ図を描く

　アクソメ図（アクソノメトリック図）は、図面から立体を表現する図法です（⇒【p.82 建築図面の図法】）。平面、高さの寸法を実長で表わしつつも、空間のボリュームや連続性、積層された空間などが表現しやすく、設計過程の確認作業にも役に立ちます。ここでは、〈東大阪の家〉のアクソメ図を紹介します。〈東大阪の家〉に見られるような上下階を立体的につないだ空間構成や、外観デザインのもととなっている鉄骨構造の骨組みを、アクソメ図ではよく表わすことができます。

　なお、掲載した外観アクソメ図の縮尺は 1/200、内観・構造アクソメ図は 1/150 ですが、表現内容は 1/100 の仕様です。実際のトレースは 1/100 で行ってください。

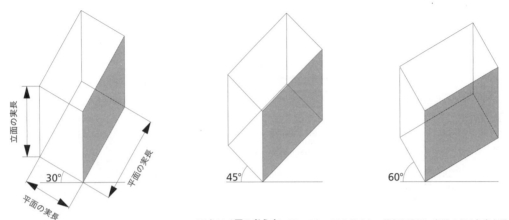

アクソメ図の考え方：30°、45°、60° と伝えたい情報を適切に表現できる角度を選ぶ

作図手順　アクソメ図の描き方

① 隣り合う立面図と平面図を用意する
② 平面の外形を 30°、45°、60°（または任意の角度）に傾けて下描きする。このとき見せたい面を強調できる角度を選択する
③ ②の外形から、高さ方向に立面図の実長を立ち上げていく
④ 平面図や立面図や断面図の寸法を参照して実長で細部を描きこんでいく

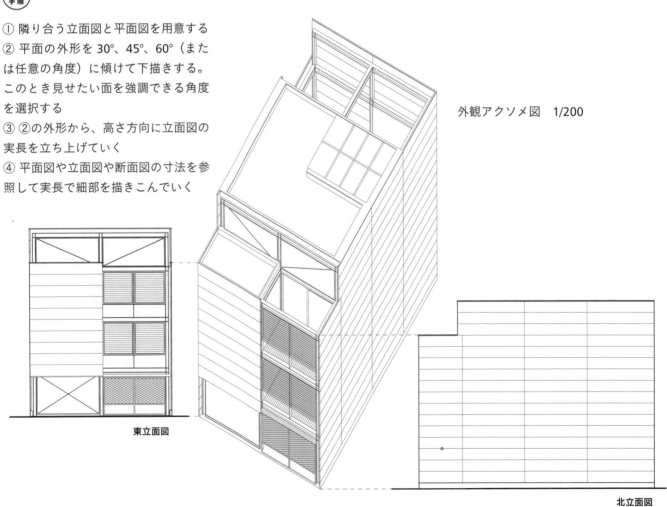

外観アクソメ図　1/200

東立面図

北立面図

その他のアクソメ図

構造アクソメ図

　鉄骨構造や木造などの、柱と梁の軸組みのつながり方と建物全体の構造を一目で理解することができます。建物の構造計画を行い、伝えるのに役に立ちます。

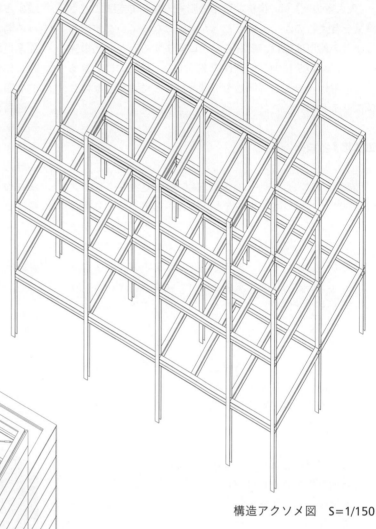

構造アクソメ図　S=1/150

内観アクソメ図　S=1/150

内観アクソメ図

　吹抜けや階段室に代表される、上下階の間取りの連続性や動線計画、階高との関係など、平面図や立面図といった2次元情報だけでは掴みづらい空間構成を伝えることができ、模型の代わりにもなります。この図では、中庭と3階の関係をわかりやすく図示するために屋根と外壁の面材の一部を取り除いて表現しています。

構造アクソメ図

column ── 読解〈東大阪の家〉

ディテールの集積

〈東大阪の家〉は、狭小な敷地の制約のなかで空間にどう骨格を与えるのか、ということが命題になっています。おおかたの都市住宅は、制約をいかに解決するかが共通の課題ですが、いかに厳しい条件であっても、最終的にできあがる住宅は一つとして同じものはないことに注目しなければなりません。

工業化する技術

「構法としてはスチールの構造体に成型セメント板やスチール・サッシュをカーテン・ウォールとして取り付け、アッセンブルすることででき上がるという、現代のテクノロジーや工業製品をヒロイックなものとしてではなく、誰でも手に入れることのできるインダストリアル・ヴァナキュラーとして捉えその上で何が可能か、ということをテーマにしている。したがってこれはモノリシックで一品制作という性格を持つRC造とは対極にあり、ファブリケートすることででき上がり、世界中どこでも同じものをつくることができる、という性格をもっており、ここではそうした誰もがアクセス可能なやり方を使いながら、この敷地・状況・環境でしか成立し得ない解をつくり上げる[1]」

と設計者が語るように、この住宅は建材をアッセンブルする（組み立てる）だけで建ってしまいます。しかし、もちろん量産目的の工業製品ではありません。この住宅がほかの都市住宅と異なる点について考えてみます。

鉄骨造の特徴：しなやかな構造体と開放性

まず、鉄骨造により開放的でありつつ身体的なスケールをつくりだしている点です。比較的小さなグリッド（柱割）によって柱を配置し、狭い柱間や室内に現れる鉄骨は細くしなやかな印象を与えています。コンクリートの柱に比べて、人間の身体感覚に近い存在感が表われています。ル・コルビュジエ[2]は、建築とは何かと問われたとき、「考えるに値するものに秩序を与えること」と答えたと言われていますが、この住宅はその言葉を思い起こさせます。

構造体の鉄骨は工場において製作され、精度の高い柱や梁が、整然としたファサード（建築の正面）を構成しています。鉄骨がそのまま露出している外観のデザインは、現場施工技術の高さがあって初めて成り立つものであり、工業製品と一品制作のせめぎ合いという、鉄骨造独特の緊張感を感じさせます。

繊細なディテール、唯一無二の建築

また、この住宅のもうひとつの優れた部分は、全体を構成する精巧なディテール（詳細の納まり）です。空に向かって開かれた吹抜けに面する中庭の繊細な2つの鉄骨階段、前面道路との緩衝帯としての格子状のスクリーン、ガラス越しにシルエットが見える内部階段など、シンプルで合理的な印象とは裏腹に、人の住まいである生活空間への配慮が随所に見られます。決して量産できない周到に練られたディテールからは、建築を考え、造ることの面白さが伝わってきます。ミース・ファン・デル・ローエ[3]が、ユニバーサル（世界標準）なものを目指しながらも唯一無二の建築をつくったのと同じように、その時代のスタンダードな解法で、その場所でしか成立しえない特殊解を提示したことこそが、この住宅のもっとも重要な本質であると言えます。

註
1) 岸和郎(2000)『Waro Kishi: Projected Realities』TOTO出版、p.143
2) ル・コルビュジエ（1887〜1965）。本名はシャルル＝エドゥアール・ジャンヌレ＝グリ。モダニズム建築の三大巨匠の一人。代表作は、彼が提唱した「近代建築5原則」が実現されている住宅〈サヴォワ邸〉
3) ルートヴィヒ・ミース・ファン・デル・ローエ（1889〜1969）。モダニズム建築の三大巨匠の一人。週末住宅〈ファンズワース邸〉は、鉄骨の柱・梁とガラスで構成され、無柱の自由な平面はユニバーサルスペースの先駆けとなり、モダニズム建築の原点とされている

〈東大阪の家〉外観を見る

資料編

section 01　製図の基本

製図を始める前に

用紙の規格

一般的な紙の大きさは JIS（日本工業規格）によって統一されています。数字が大きくなるごとに長辺を半分にした寸法になり、2辺の比はいつも 1：√2 で、縦横比が変わりません。A判とB判の2系列がありますが、建築の図面では主にA判が使用されます。A判にはA0〜A5まであり、製図では主にA1、A2、A3サイズの用紙を使います。

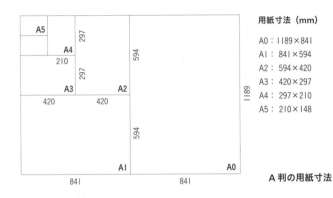

用紙寸法（mm）
A0：1189×841
A1：841×594
A2：594×420
A3：420×297
A4：297×210
A5：210×148

A判の用紙寸法

製図用具と使い方

● ホルダー・シャープペンシル・鉛筆

ホルダーや鉛筆は、絵やスケッチなどしっかりとした線を描くのに適しています。製図には、芯の太さが細いため均一な線を引きやすく、かつ削る手間のない製図用のシャープペンシルが便利です。

● 三角スケール

3つの面が縮尺定規になっています。縮尺に応じた大きさや、線の長さを瞬時に測ることができます。建築の図面でよく使う縮尺、1/100、200、300、400、500、600で構成されているものが一般的です。

● 三角定規・勾配定規

製図をするときに、平行定規やT定規とあわせて使用します。三角定規は一般的に45°と30°、60°の組み合わせですが、勾配定規は自由な勾配を扱うことができます。また、角度調整用のネジは持ち手としても便利で、手馴れると図面をすばやく描くことができます。

● 円定規

円定規は、柱や扉の軌跡を描くときによく使います。コンパスを使わなくても、大小さまざまな円形を正確に描くことができます。円以外に四角や三角のものもあります。

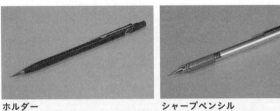

ホルダー　　　シャープペンシル

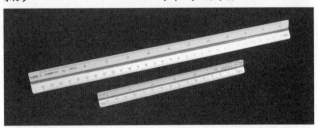

三角スケール

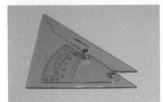 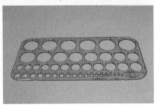

勾配定規（三角定規でも可）　　円定規

線の引き方

線は必ず引く方向へ（左から右へ引く、左利きの場合は逆）描きます。逆の押す方向（右から左、上から下）に線を描くと、芯が定規の下に入りこんでしまったり、均一な線を引くことができません。間違った線の引き方が身についてしまうと、美しい図面を描くことはできません。

うまく線を引くコツは、定規に当たるペン先を少し傾けるようにして、ペン先と定規にわずかな隙間を保ちながら線を引くようにします。最初は少し慣れませんが、手首がぶれずに線が引けるようになれば、均一な線をしっかりと描くことができます。また、定規に付着した鉛筆の粉をこまめに拭き取ることで図面の汚れを防げます。

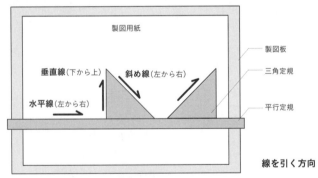

線を引く方向

線を引くコツ：
平行定規と三角定規をしっかりと左手で抑えこみ、ペン先を傾けることで芯と定規をわずかに離すと、きれいな線を引くことができる

線の太さと線種、文字の書き方

表のように図面の種類に応じて線の太さを使い分けると、メリハリのある図面表現が可能になります。平面図を例にすると、切断面の外形線を太線、切断面内の部材断面を中線、切断面より下側にある部材、見えがかりの線を細線、仕上げ材の目地を極細線などで表現することで、図面に奥行きが出て、空間の認知や伝達内容の読み取りが容易になります。

文字は極力図面の線と重ならないよう配置し、誰が見ても読み間違いのない綺麗な文字で書きます。図面タイトルは大きい文字、寸法は小さな文字と重要度に合わせて文字のサイズを決めます。捨て線を上下に引いておくと、大きさが揃った水平な文字を書くことができます。

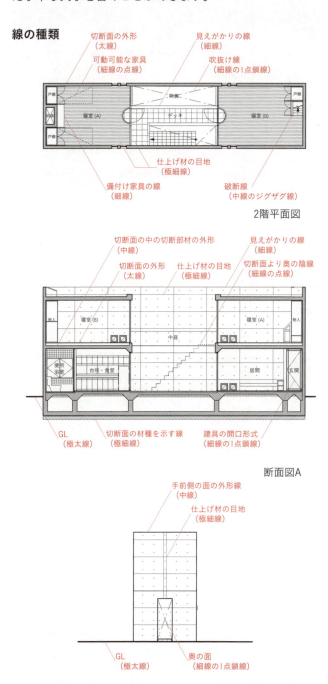

線の種類

2階平面図 / 断面図A / 西立面図

文字の書き方：室名の例

- 文字の大きさに合わせて上下2本の捨て線を描く
- 上下の線からはみ出さないように文字を丁寧に描く
- 余分な捨て線は字消板と消しゴムを用いて消す

線の太さと種類

線の太さ		用途	詳細
極太線	断面図	・GL（グランドライン）	・地盤の地上側の境界線
	立面図	・水辺の水面線	・河川、湖、海などの水面線
太線	共通	・壁の切断面の外形線 ・窓のガラスの断面線	
	立面図	・手前の面の外形線	・手前側の面に表われる輪郭線
中線	平面図	・壁の中の切断部材の外形	・壁の水平切断面で切断された部材（柱・間柱・筋交い・縦胴縁などの外形線
	断面図		・壁の垂直切断面で切断された部材（梁・桁・筋交い・棟・母屋・横胴縁などの外形線
	立面図	・手前側の面の稜線 ・奥側の面の外形線	・手前側の面の中で面が屈曲する箇所の線
細線	共通	・家具の線・寸法 ・寸法補助線 ・引き出し線	・備付けで移動できない家具の線は細線の実線で表示 ・寸法を記入するときの線 ・寸法表示のために図から引き出した線 ・図の説明のために該当箇所から引き出す線
	平面図	・見えがかりの線 ・建具の軌跡の線	・水平断面図より下に見えてくるものの線 ・戸や扉や窓などの開閉軌跡の線
	断面図	・見えがかりの線	・垂直断面図より奥に見えてくるものの線
	立面図	・奥側の面の稜線 ・手前面内の分割線	・奥側の面の輪郭線
極細線	共通	・仕上げ材などの目地の線 ・ハッチングの線 ・切断面の材種を示す線	・タイルや木などの目地の線 ・図面の中で、他と区別したい部分を等間隔の線の集合で表示 ・切断面の材料を表示するための線（コンクリートの三本線、栗石の斜線など）
薄い線 （捨て線）	共通	・最後に消す基準線 ・文字の補助線	・作図に必要な通り芯などの基準線を表現上見せたくない場合（プレゼン図面など）に見えるか見えないくらいで描く薄い線 ・文字の大きさを揃えるため、文字の下、あるいは上下に引く補助線

線種と線の太さ		用途	詳細
中線の1点鎖線	共通	・境界線（敷地境界など） ・切断線 ・強調したい基準線	・道路境界線、隣地境界線、高度斜線などの境界線 ・切断面の切断位置を示す線（平面図に示す断面図の切断位置など） ・他より重要な基準線を明示する線
細線の1点鎖線	共通	・基準線 ・ピッチ線	・作図の基準となる線（壁の通り芯） ・繰り返しの図形の反復間隔を示す
	平面図	・吹抜け線	・対角線をX状に交差させて吹抜け示す線
	断面図 立面図	・高さを示す基準線 ・奥の面 ・建具の開口形式	・作図の基準となる線（各階の床高、軒高、スラブ天端のレベルの線） ・断面の見えがかり部において、対角線をX状に交差させて奥の面を示す線・窓や扉の開き方を示す
細線の2点鎖線	共通	・想像線 ・重心線	・投影法では図面に現れない線だが、表現された物品の移動・変化、またはそこには存在しない図形を参考的に表示する線 ・断面や対象物の重心を連ねた線
細線の破線	平面図	・切断面より上の線	・吹抜けの外形線、天井高さの切り替わり位置や上部張り出しの外形などを示す
	断面図	・切断面より手前の線	・手前の壁や物体の位置などを示す
細線の点線	共通	・移動可能なものの線 ・対応線	・置き家具や将来的に設置されるものを表示する ・図面間の余白に、異なる図面の同位置の点を結び、位置関係を示した（上下階の平面図や断面図など位置対応）
	平面図	・切断面より下の隠線 ・建具の軌跡の線	・机の下の椅子など、見えがかりより下にあるものを表示する
	断面図	・切断面より奥の隠線	・収納の扉に表示した棚内の棚板など、見えがかり面より奥にあるものを表示する
中線のジグザグ線	共通	・破断線	・階段やスロープなど対象物の一部を分断した境界線、または一部を取り去った境界線

図面の種類と役割

3次元の建築を2次元の図面で表現する際、その建築がどんなに単純であっても、ひとつの図面でその建築のすべてを伝えることはできません。そのため、建築の図面には様々な種類があり、その図面ごとに表現すべき内容が決まっています。また、拡大すれば部材の仕上げや部材同士の接合方法など部位のより詳細な内容を表現できる反面、その外観や空間相互の関係など建築の全体を表現できなくなるように、縮尺によって表現できる範囲が異なってきます。表現したい内容に即して、図面の種類と縮尺を選択することが大切です。

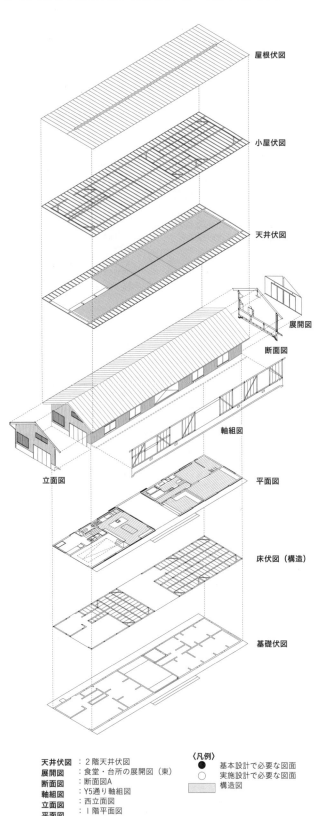

天井伏図　：2階天井伏図
展開図　　：食堂・台所の展開図（東）
断面図　　：断面図A
軸組図　　：Y5通り軸組図
立面図　　：西立面図
平面図　　：1階平面図

〈凡例〉
● 基本設計で必要な図面
○ 実施設計で必要な図面
▨ 構造図

図面の種類

図面名	縮尺	内容		
図面表紙	—	建物名（プロジェクト名称）、設計会社名、設計期日を記入する	●	○
建築概要書	—	建物の規模、階数、構造、設備の概要などを表示する	●	○
特記仕様書	—	工法や仕様、材料の種別・等級・方法・メーカーなどを指示する		○
面積表	—	建築面積、延床面積、建ぺい率、容積率、区画面積などそれらの算定根拠を表示する	●	○
仕上げ表	—	外部（部位ごと）と内部（部屋ごと）の表面仕上材や色、それを支持する二次部材を列記する		○
案内図	1:500～3000	敷地環境・都市計画的関連、方位、地形などを表示する。原則北を上とする		○
配置図	1:100～1000	敷地内部の建物の屋根伏図、アプローチ、植栽などにくわえ、敷地周辺の状況を表示する	●	○
平面図	1:100～500	部屋や家具の配置を平面的に表示する。各階ごとに作図する	●	○
断面図	1:100～500	建物の垂直断面で通常は主要部を2面以上作図し、部屋などの垂直面での配置と垂直寸法関係を表示する	●	○
立面図	1:100～500	建物の外観を表示する。通常は東西南北の4面に加え、隠れた部分は別図で示す	●	○
矩計図	1:20、30、50	建築と地盤、垂直方向の各部の寸法の基準および、部材同士の納まりを表示する		○
詳細図	1:5、10、20、30	出入口、窓、階段、便所その他主要部分の平面・断面・展開などの詳細な納まりを表示する		○
展開図	1:20、30、50、100	各部屋の内部壁面の詳細図。北から時計回りに描く。設備関係の取付位置も合わせて表示する		○
床伏図	1:50、100、200、300	各部屋の床の仕上げとその境界の見切り材などを示す		○
天井伏図	1:50、100、200、300	各部屋の天井の仕上げと割付、その境界の見切り材、照明等の設備機器の取付位置などを示す		○
屋根伏図	1:50、100、200、300	屋根面の見下ろし図に加え、形状、仕上げ勾配などを表示する	●	○
建具表	1:30、50、100	建具の詳細、付属金物、数量、仕上げなどを表示する		○
原寸図	1:1	実物大の各部取り合い、仕上げ詳細などを示す		○
透視図	—	雰囲気や空間の構成など理解しやすいように絵で表現したもの。アクソメやアイソメで代用する場合もある	●	○
日影図	1:50、100、200、300	建築基準法に準じた方法で、冬至の日照状況を描き、計画建物が周辺建物に及ぼす影響を示す		○
積算書	—	コストプランニングや工事概算など、工事費の見積もりを示す		○
構造特記仕様書	—	地質調査結果と地下構造物との関係、位置、管径、長さなどを示す		○
杭伏図	1:100、200	地盤が弱く、耐力地盤まで荷重を伝えるために用いる杭の位置、管径、長さ、および地質調査結果との関係などを示す		○
基礎伏図	1:100、200	基礎（布基礎、べた基礎、独立基礎など）の形状、形式などを示す		○
床伏図	1:100、200	床を支える床組みと部材（大引き、土台、根太など）の大きさ、形状、材種などを示す		○
梁伏図	1:100、200	梁材、桁材などの位置、大きさ、形状、材種などを示す		○
小屋伏図	1:100、200	屋根を支える床組みとそれを構成する部材（梁、軒桁、小屋束、母屋、棟、垂木など）の大きさ、形状、材種などを示す		○
軸組図	1:100、200	壁面を構成する部材（柱、間柱、筋交い、梁、桁）の大きさ、形状、材種などを示す		○
部材リスト	1:20	各種構造部材の大きさ、形状、材種、部材断面などを表でリスト化したもの		○
架構詳細図	1:20	柱や梁などの接合部位の仕口や接合方法などの詳細を示す		○
構造計算書	—	構造設計の根拠を示す計算書をまとめたもの		○

（日本建築学会 編『第3版 コンパクト設計資料集成』（丸善、2005）をもとに作成）

図面の表示記号

建築図面では扉や窓の開け方、構造の種別などを簡略化した記号で表示します。ここでは縮尺 1/100 〜 500 の図面表現を紹介します。

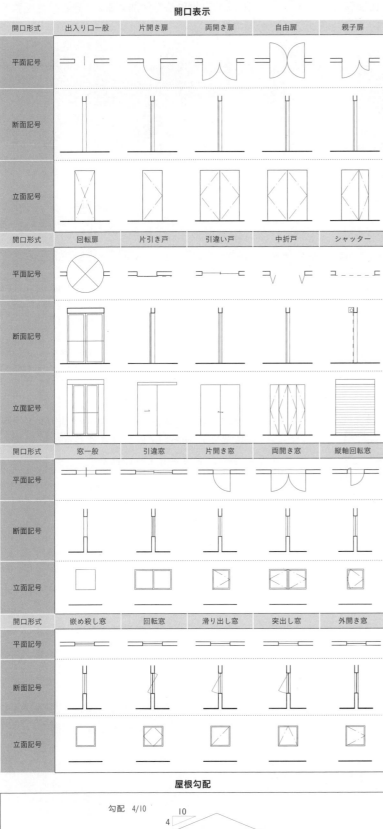

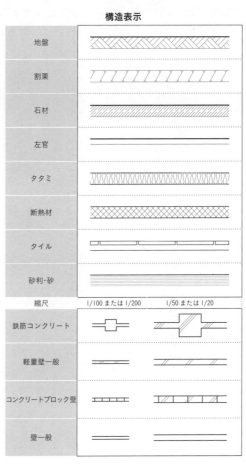

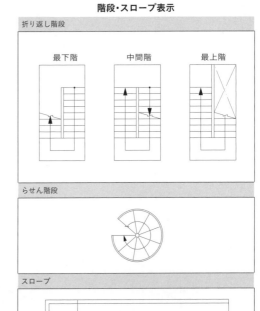

建築図面の図法

　自分がイメージした3次元の空間を、人に伝える場合は、精巧な模型を製作して見てもらうのが一番のぞましいです。しかしながら、精巧な模型をつくるのには時間がかかり、かさばる模型は直接見てもらえない場合もあります。そこで建築の製図では、3次元のものを2次元に表現するために投影法という方法を用います。投影法を大別すると、透視投影図法と平行投影図法があり、投影線・投影面と対象との関係から下図のように分類できます。

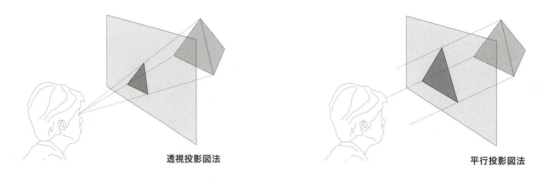

透視投影図法　　　　　　　　　　　平行投影図法

投影図法とスクリーンの関係

		対象の一面と平行なスクリーン	対象の一面と垂直なスクリーン	対象の一面と斜めなスクリーン
透視投影図法	放射状の投影線	1点透視	2点透視	3点透視
平行投影図法	スクリーンに垂直な平行投影線	正投影		軸測投影
	スクリーンに傾いた平行投影線	斜軸測投影	スクリーンと投影線が共に傾くと認識しにくいので用いられない	

（日本建築学会 編『第3版 コンパクト設計資料集成』（丸善、2005）をもとに作成）

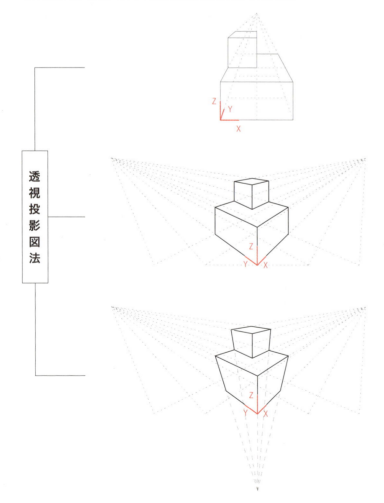

1点透視図
幅（X軸）と高さ（Z軸）はスクリーンと平行に配し、奥行（Y軸）はスクリーンと垂直な消点に収束するように描く

⇒【p.28～30　1点透視図を描く】

2点透視図
高さ（Z軸）はスクリーンと平行に配し、幅（X軸）と奥行（Y軸）は各々の消点に収束するように描く

⇒【p.31、32　2点透視図を描く】

3点透視図
幅（X軸）と奥行（Y軸）と高さ（Z軸）はすべて各々の消点に収束するように描く

透視投影図法

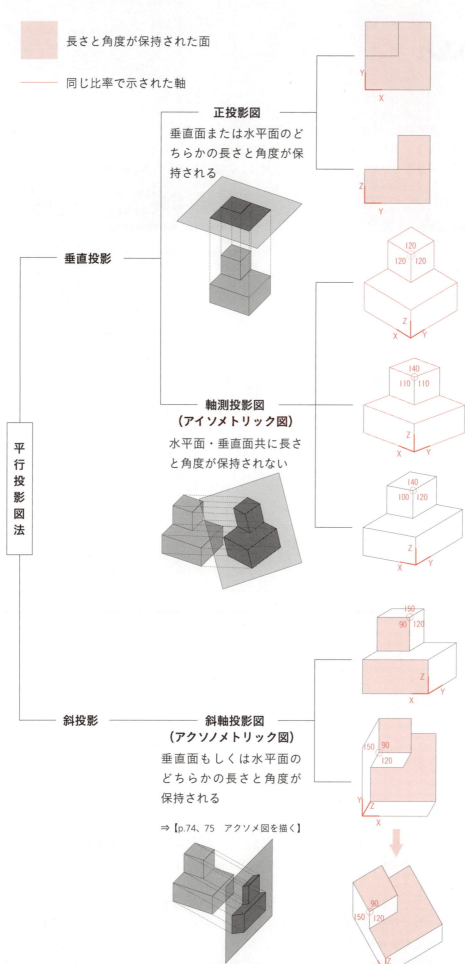

section 02 建築設計の流れ

設計のプロセス

設計にはいくつもの行程があります。まず図面、模型、パースなどを作成しながらエスキースを重ね、少しずつ計画案の精度を上げていきます。基本計画で構想がまとまれば、実際に建つための構造や設備に関する検討も加えながら基本設計を仕上げます。本書で学ぶのはこの基本設計までですが、実際の設計業務はこの後、詳細な実施設計の作業に入ります。

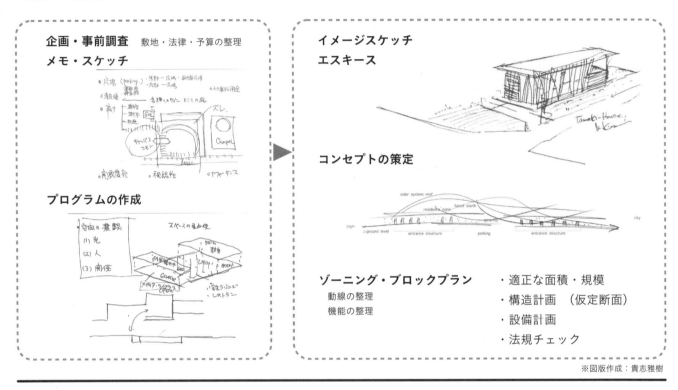

※図版作成：貴志雅樹

調査・企画

企画・事前調査 を行う

建築の設計を始める前には、条件や制約などについて調査をする必要があります。敷地環境（地形・形状・レベル・方位・道路・周辺環境）、法規（都市計画区域・用途地域・容積率と建蔽率・防火地域）、設備環境（道路内の水道、下水・電気）、敷地周辺の歴史などについて調べ、その場所に適した建築を考えます。

メモをとる・スケッチを描く

敷地やプログラムを把握するために、思いついた構想や調査してわかった土地の特徴などを写真と一緒に記録してメモをとります。そのあとに、浮かんできた建築のイメージ、形態や空間をスケッチしていきます。

プログラムを作成する

建築の基本的な構成をまとめるのが「プログラム」です。必要な機能、面積、階数、歴史文化、社会的要件など、あらゆる背景から、構想の骨格をつくります。

基本計画

エスキースを行う

調査・企画で得たアイデアは、スケッチや図面を描きながら、建築のイメージとして具体化していきます。この作業を「エスキース」といいます（⇒【p.86　スケッチとエスキース】）。この過程ではスタディモデルやCGモデルをつくりながら、何回も検討を重ねます。

コンセプトを策定する

デザインのみならず、周辺環境、機能、構造をふまえた建築の根幹となる概念を言葉で表わしたのが「コンセプト」です。漠然としていたイメージを論理立てて文章化し、設計者自身の方法論を確立し、形態やプログラムをより明快にしていきます。

ゾーニング・ブロックプランを作成する

エスキースとコンセプトがまとまったら、それらにもとづきながら、建物の配置、部屋の配置や機能を納めるための「ゾーニング」を行います。また、ボリュームの検討には「ブロックプラン」などを作成します。

基本設計
アイデアが固まれば基本設計図をつくります

- **一般図の作成**
  平面図・立面図・断面図パースなどを作成します
- **模型制作**
  建築主へのプレゼンテーションのために、立体空間を立ち上げます。最近はCGパースも多用されます

実施設計
実施設計図を作成し構造、設備設計を行います

- **意匠図の作成**
  建物の全体を表わす図面で、基本的な考え方、造り方を示し、工事費用の見積もりに使用します
- **構造図の作成**
  ・構造特記仕様書
  ・基礎伏図
  ・床伏図
  ・軸組図
  ・部材リスト
  ・詳細図
- **設備図の作成**
  ・設備特記仕様書
  ・電気設備図
  ・給排水衛生設備図
  ・空調・換気設備図
  ・ガス設備図
- **構造計算書・設備計算書の作成**
  構造と設備の図面に示された形状や機器の能力の算定根拠として計算書を作成します
- **確認申請の作成と提出**
  その建物が「建築基準法」に違反していないことを証明するため、行政機関に提出する書類を作成します

施工・工事監理
施工業者に工事金額の見積りを依頼し、契約を交わすと工事が始まります

- **施工図の作成**
  ・躯体図
  　例）鉄骨・鉄筋コンクリート躯体図、型枠割り付図
  ・製作図
  　例）家具、建具
  ・設備図
  　例）配管レイアウト、断面系統図

基本設計〜実施設計

一般図を作成する

　基本計画で決まった建物の平面形や外観に、構造や設備の検討を加えて、実施設計に移ることができる図面を一般図といいます。実施設計の段階で、細部の変更は生じますが、おおむね最終的な建物の全体像が表わされます。

実施設計を行う

　基本設計をもとに、材料のことや工事のことを考えながらより詳細な設計を描きこんだものが「意匠図」です。

　さらに、構造体の形状を決めるために構造計算を行い、それに基づいた「構造図」を作成します。同時に、建物の環境をつくる電気、給排水、空調・換気設備などの「設備設計」も行います。

　これら一通りの設計が済むと、この建物が建築基準法をはじめとする法律に適合していることを証明する「確認申請」のための書類を作成します。

　行政機関から申請がおりれば、建設会社と工事金額の見積もりを行います。

施工・工事監理

施工・工事監理を行う

　工事会社の見積もりが予算と妥当な金額におさまっていれば、工事契約を交わします。そして、工事を依頼した建設会社によって現場工事が始まります。工事に際しては、「施工図」と称する躯体図や、さまざまな部位の「製作図」を描きます。部位の納まりやつくり方が具体的に明示されたこの図面は、建物が設計通りに建設されているかをチェックする「工事監理」で使用されます。

スケッチとエスキース

エスキース（esquisse）とは、元来フランス語でスケッチのことを意味します。日本では、初期段階でのコンセプトや、所々の関係を示した図式、図面（配置図、平面図、立面図、断面図など）、スタディ模型などを用いて、建築を構想する行為を意味します。構想の初期段階でプログラムや要求諸室の関係性や規模、周辺環境との対応などの与条件を整理することは重要ですが、それだけでは建築の構想はままならなくなります。なぜなら、そのまとめ方もさまざまであれば、それらを満たす建築のあり方も無数に存在するからです。そこで、与条件の重みづけを補完したり、かつ構想を後押ししたりする建築的な枠組みやルール（幾何学や空間形式やヴォリューム構成や空間構成など）が必要となります。

例えば、プロジェクト初期段階において、篠原一男の〈上原通りの住宅〉（図1）のスケッチ（図2、3、4）では、平面図なのか断面図、立面図なのかわからない幾何学的な図式が何枚も書かれています。そのプロセスは、幾何学的秩序によりあらゆる条件を整理し、空間化する手法ともいえます。また、フランク・O・ゲーリーの〈ウォルト・ディズニー・コンサートホール〉（図5）のスケッチ（図6、7）では、幾重もの曲線によって形が曖昧な建物外観をスタディしたものが多くみられます。大まかな空間のゾーニングと規模を基に展開する、有機的でダイナミックなヴォリューム構成のスタディが、彼の一貫した手法です。それらのスケッチは、段階的に機能をともなった実際の空間との整合性を取りながらも、初期のエッセンスは損なわれずに実体化されていきます。こうしたスケッチとは別に、レム・コールハース（O. M. A）のスタディには空間の関係性を端的に表わしたダイアグラムが多用されます。〈シアトル中央図書館〉（図8）の場合は、空間の機能と規模を文字とその大きさに反映させながら隣接する関係性によりそれらを徐々にグループ化し、ずらしながら積層するダイアグラム（図9）で実際の上下の空間の関係性を表わしています。彼はこうした空間の図式をダイナミックに実体化することで、明快で力強い建築を生みだしています。

エスキースの過程としては、さまざまな視点から検証することでひとつの構想を突き詰めていく場合もあれば、同時にいくつかの構想を同時進行させて、それらとの相対比較によって構想を絞っていく場合もあります。

建築の設計の過程は、基本計画、基本設計、実施設計と進んでいきますが、基本計画から基本設計の初期段階がエスキースに該当します。よって、教育機関での設計製図の課題演習は、ほとんどがエスキースであり、毎回の授業での素案チェックのことをエスキースチェックと呼んだりします。初めて設計をする際は、どうしても平面図や建物の外形からスタディしがちですが、別の方法でスタディすれば、今までには思いつかなかったアイデアに結びつくこともあります。いろいろなスタディの方法を試してみて、自分に最もあった方法を見つけましょう。

1. 篠原一男〈上原通りの住宅〉外観（撮影：多木浩二）

2.3.4. 篠原一男〈上原通りの住宅〉スケッチ

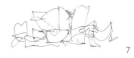

5. フランク・O・ゲーリー〈ウォルト・ディズニー・コンサートホール〉外観／6.7. フランク・O・ゲーリー〈ウォルト・ディズニー・コンサートホール〉のスケッチ（出典：Germano Celant（2010）『Frank O. Gehry since 1977』Skira）

8.〈シアトル中央図書館〉外観／9. レム・コールハース〈シアトル中央図書館〉ダイアグラム（出典：EL Croquis（2007）『EL Croquis 134/135 OMA REM KOOLHAAS』）

3つの住宅を読み解くキーワード

コートハウス：中庭のある住宅のことをコートハウスといいます。壁や部屋で囲まれた内側にある外部空間は、住居全体に光や風を通す機能があり、庭園になっている場合もあります。世界中で用いられてきた住居形式で、ヨーロッパでは、コートヤードやパティオ、中国では胡同（フートン）、韓国ではマダンと呼ばれています。それぞれ、配置や平面に特徴があります。〈住吉の長屋〉と〈東大阪の家〉の中庭は、建物全体の性格を決定づける重要な役割をもっています（図1、2、3）。

吹抜け：下階と上階の空間を連続させる役目をもっています。〈東大阪の家〉の中庭は3層の連続した吹抜け空間であり、2種類の鉄骨階段が上下をつないでいます（図4）。

ブリッジ：〈住吉の長屋〉には中庭の真ん中に2階部分をつなぐブリッジがあります（図5）。ブリッジとは2つの場所をつなぐ空中通路のことです。このコンクリートの歩廊が中庭を立体的な空間にする有効な装置となっています。

庇：〈東大阪の家〉のリビングには、半透明の庇（ひさし）がテラスに取り付けられ、そのまま内部空間の屋根となって室内を明るくしています（図6）。通常、軒下に日影をつくるために用いられますが、この場合は半透明にすることで、空へと連続する開放性を実現しています。

切妻の屋根：〈屋久島の家〉のシンプルな切妻の大屋根は、風雨に耐える機能だけでなく、大自然の中に建つ住まいとして、力強い印象を与える重要なデザインの要素です。

開口部：3つの住宅は共通して一般的な窓が少なく、〈住吉の長屋〉はコンクリートに掘りこまれた穴のような玄関しか開いていません（図8、9）。〈東大阪の家〉の格子やガラスの壁はいわゆる窓には見えませんし（図10）、〈屋久島の家〉は壁と開口部が交互に並ぶ設計です（図7）。開口部を建物全体の統一性に合わせてデザインしています。

コンクリート打放し：〈住吉の長屋〉の代名詞ともいえるコンクリート打放しは密実で堅牢な構造体であり、かつ素材としての存在感も強く表われます。また化粧打放し（けしょう）の光沢のある仕上げは高い施工精度が要求されるもので、住まいでありながら彫刻的な量感をつくりだしています。

鉄骨（スチール）：〈東大阪の家〉には、鉄骨造の特徴が十分に表現されています（図10）。工業製品であるH型鋼の面と線が外観や室内に露出し、即物的な建築の表情になっています。鉄は錆（さ）びるため表面をペンキで塗装しますが、この素材感が消えた抽象的な仕上げは、モダニズムデザインの特質のひとつです。

木：構造だけでなく仕上げ材にも木材を使用することで、臭覚や聴覚にまで訴えかけてくる身体的な内部空間をつくりだすことができます。〈屋久島の家〉では、木の匂いや手触りが自然素材としての心地よさや安らぎを与えています（図11）。

3つの中庭：1.〈住吉の長屋〉／2.〈屋久島の家〉／3.〈東大阪の家〉

4.〈東大阪の家〉吹抜け／5.〈住吉の長屋〉ブリッジ

6.〈東大阪の家〉庇／7.〈屋久島の家〉外観

8.〈住吉の長屋〉開口部／9.〈住吉の長屋〉外観

10.〈東大阪の家〉外観／11.〈屋久島の家〉内観

住吉の長屋（図1.5.8.9.）　　撮影：安藤忠雄
屋久島の家（図2.7.11.）　　撮影：堀部安嗣
東大阪の家（図3.4.6.10.）　撮影：平井広行

プレゼンテーションをする

図面レイアウトの基本

1枚の図面にどの図面を入れるかによって、レイアウトは変わります。下図は〈東大阪の家〉の平面図、立面図、断面図をA1の紙にレイアウトした例です。レイアウトの方法に決まりはありませんが、わかりやすく見やすいことがポイントです。

人に伝えるためには、たくさんの情報を盛り込まなければなりません。図面や写真は情報が重ならないように厳選し、バランスよく配置することも大事です。各種図面を関係付けながらもきれいにレイアウトするコツは、余白をうまく使うことです。詰め込み過ぎた図面では、明確に内容を伝えることができません。美しいレイアウトは、バランスの強弱や流れを生み出し、図面を読み取りやすくします。

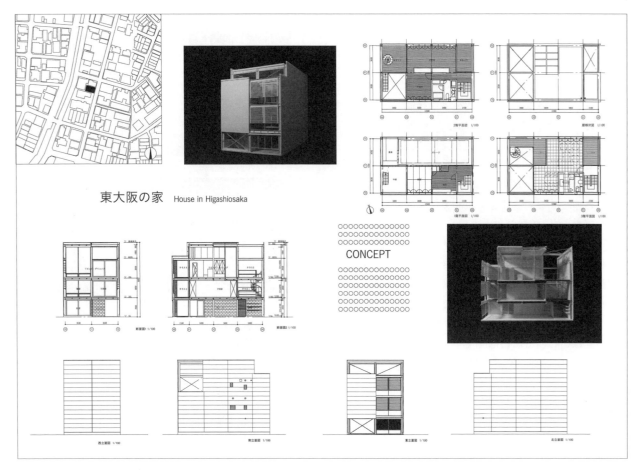

レイアウト例（図面上のスケールはA1の用紙にレイアウトしたときのもの）

● 平面図

上下階の関連がわかりやすいように、横に配列する場合は右側に上階を配置し、縦に配列する場合は上側に上階を配置することを原則とします。2段配列する場合は、上のレイアウトのように左下→左上→右下→右上の順に、最下階から最上階までの平面図を配置します。

● 立面図

横にレイアウトするときは、建物のコーナー部分が隣り合うように配置します。今回の場合は、左から西立面図、次に南立面図、東立面図、北立面図と並べています。建物の高さ関係や全体の形態が理解しやすくなります。

● 断面図

切断面を直行する2面で横に並べると高さの関係や吹き抜けなどの空間構成が把握できます。また、立面図と上下に並べることで、外観と内部空間の構成を関連付けることができるようになります。

図面の表現

　鉄筋コンクリート造の場合は、壁の厚さを線で表わしたり、塗りつぶして表現すると空間構成が明快な図面になります。軸組構成の建物（鉄骨造と木造）では、構造材（柱や梁）を明示するために壁や天井裏を空洞で表わしたほうが、建物の特徴が理解しやすい図面になります。

　軸組構成の建物（木造と鉄骨造）では、構造材（柱や梁）を明示するときは、壁や天井裏は空洞で表現します。また、鉄筋コンクリート造の場合は壁の厚さを線で表現したり、塗りつぶして表現したりします。

● 平面図

　縮尺の小さい図面では、細部にわたってディテールの表現が表われて情報量が多くなるため、線の太さに強弱をつけるなどして、描き込む情報量を絞り込み、伝えたいことを明確にする必要があります。

鉄筋コンクリート造〈住吉の長屋〉

壁を塗りつぶさない表現

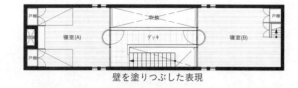
壁を塗りつぶした表現

鉄骨造〈東大阪の家〉

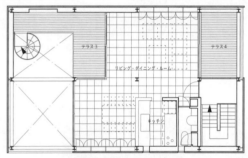
鉄骨造の壁のディテールを表現

鉄骨造の壁を塗りつぶした場合

木造〈屋久島の家〉

木造は一般的に構造材（柱や梁）を表現することが多い

● 断面図

　断面部分をハッチングまたは黒塗りにすると空間の構成を明快に表現しやすくなります。

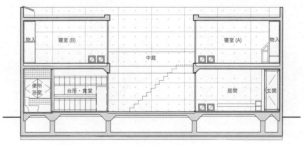
断面をコンクリートのハッチングで表現した場合

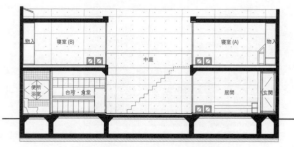
断面を黒く塗りつぶした場合

模型と模型写真

　模型は図面では伝わらない様々な情報を伝えてくれます。また、模型を直接見てもらえない場合や2次元情報にまとめる際に重要なのが模型写真です。

模型の種類

　模型は作成する縮尺によって、つくりこむ内容と表現するものが変わります。下の写真の模型はすべて1/50の縮尺でつくられており、室内や細部を表現することが可能です。左端の模型は構造を伝えるための模型、中央の模型は外観や全体のヴォリュームを伝える模型、右端の模型は内部の空間構成を示した模型です。伝えたい情報に合わせて模型が変わることがわかります。他にも、1/100で外構計画を含めて作成する場合、1/30や1/20などで家具を含める場合など、目的に合わせた模型を的確に選択することが重要です。

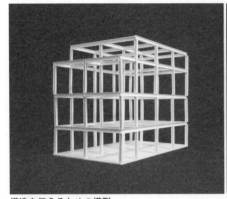
構造を伝えるための模型

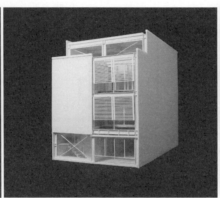
外観や全体イメージを伝えるための模型

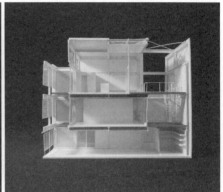
内部の空間構成を伝えるための模型

模型写真の撮り方

　精度の高い模型でも、写真の撮り方が良くなければ形態や空間を十分に伝えられません。模型写真を撮るときは、建物の特徴がもっともよく表われるアングルと光の角度を選ぶことが大切です。模型の後方から逆光を利用して撮影すると、光が背後から入り込み、内部空間と建物の奥行を強調して表現することができます。背景の選択によっても写真の表情は変わってきます。表現したいイメージによって使い分けるとよいでしょう。

　また、光のコントラストは、反射板を使って調整します。光が強すぎると空間が把握しづらくなるため、反射板で影となるほうに光を拡散します。

　また、内部空間模型であれば、開口部から入る光の濃淡や反射の具合を確かめることができるため、設計途中の検討にも役立ちます。

撮影の様子

撮影ブースの背景が黒の場合：建物の輪郭が強調される

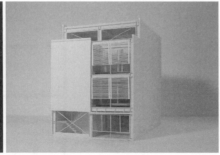
撮影ブースの背景が白の場合：内部空間と馴染みやすい

背後から光を当てた場合：室内の奥行が強調される

ダイアグラムをつくる

　ダイアグラムとは、建築のプログラムや機能、空間構成などを図式化して示すことで、設計図だけでは理解しにくい建物全体のコンセプトや成立要件などを表わすことができる図のことです。

　建物の複雑な機能を縮減して、設計意図を伝えるとともに、設計者自身も建築を考えていく過程で、条件の整理や独自の考え方を獲得することに役立ちます。

　住宅では、とくに周辺環境との関係が大切です。内部と外部のつながりや、採光、通風がどのように取り込まれるかを図式的に表わすことができます。また、もっと大きな目で見ると、ひとつの建築物は、社会的な要請や都市環境、街並み、生活などに関係しており、そのような概念から具体的な建築を思考する過程において、ダイアグラムは有効な手法のひとつです。

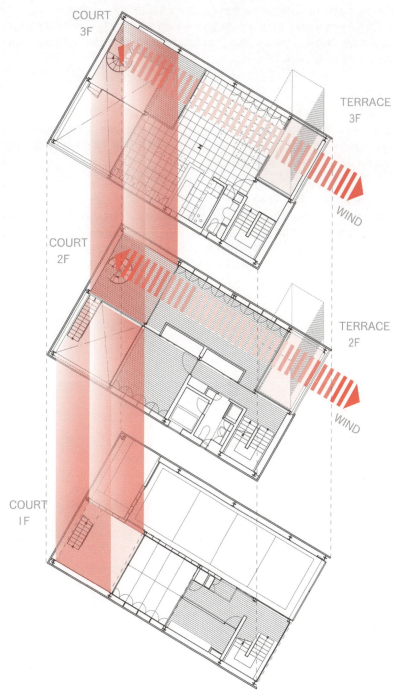

平面ダイアグラム：建物内部の各階ごとの関係性を伝えることができる

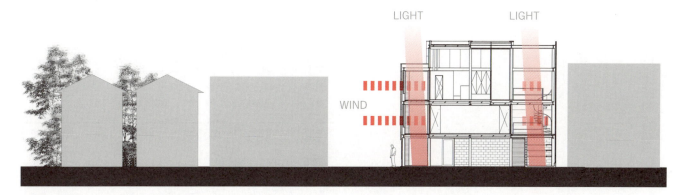

断面ダイアグラム：周辺環境との関係性などを伝えることができる

● 監修者

貴志雅樹（きし・まさき）

（1949～2015）元富山大学芸術文化学部教授、貴志環境企画室主宰、一級建築士。1949年和歌山県生まれ。1975年神戸大学大学院工学研究科建築学専攻修士課程修了。安藤忠雄建築研究所にて「住吉の長屋」を担当し、1978年に独立。2004年高岡短期大学教授、2005年より富山大学教授に着任。2015年1月に逝去。

● 著者

松本明（まつもと・あきら）

近畿大学建築学部建築学科教授。松本明建築研究所主宰、一級建築士。1957年香川県生まれ。1983年神戸大学大学院工学研究科建築学専攻修士課程修了。小河建築設計事務所、浅井謙建築研究所勤務を経て、1994年松本明建築研究所開設。2008年より現職。

横山天心（よこやま・てんしん）

富山大学芸術文化学部建築デザインコース准教授。一級建築士。1975年富山県生まれ。1998年東京工業大学工学部建築学科卒業。第一工房、長谷川逸子・建築計画工房勤務を経て、2005年に山田秀徳とヨコヤマダ建築設計事務所を共同設立。2006年東京工業大学大学院理工学研究科建築学専攻博士課程満期退学。2006年より富山大学助教に着任、2016年より現職。

● 作図協力
酒井克弥
渡邉宏紀

● 模型制作協力
大野健勇
鬼塚来未
新家佐和子

建築・設計・製図　住吉の長屋・屋久島の家・東大阪の家に学ぶ

2015年　11月15日　第1版第1刷発行
2016年　 5月10日　第2版第1刷発行
2017年　 2月20日　第3版第1刷発行
2018年　 3月20日　第4版第1刷発行
2021年　 3月20日　第5版第1刷発行
2023年　 1月10日　第5版第2刷発行

監修者 ……… 貴志雅樹
著　者 ……… 松本明・横山天心
発行者 ……… 井口夏実
発行所 ……… 株式会社　学芸出版社
　　　　　　　京都市下京区木津屋橋通西洞院東入
　　　　　　　電話 075-343-0811　〒600-8216
装　丁 ……… 木村幸央
印　刷 ……… イチダ写真製版
製　本 ……… 山崎紙工

Ⓒ Masaki Kishi, Akira Matsumoto, Tenshin Yokoyama　2015　　Printed in Japan
ISBN 978-4-7615-2609-2

JCOPY〈（出)出版者著作権管理機構委託出版物〉
本書の無断複写（電子化を含む）は著作権法上での例外を除き禁じられています。複写される場合は、そのつど事前に、（出)出版者著作権管理機構（電話 03-5244-5088, FAX 03-5244-5089, e-mail: info@jcopy.or.jp）の許諾を得てください。
また本書を代行業者等の第三者に依頼してスキャンやデジタル化することは、たとえ個人や家庭内での利用でも著作権法違反です。

LADY BIRD レディーバード

モンスター装甲車

ペーパークラフト
【組み立て説明書】

展示台付き

ペーパークラフトの作り方 ～必ずお読みください～

接着する前に、山折り、谷折りの部分に、しっかりと折りぐせを付けてください。インクの出なくなったボールペンなどで折り線をなぞっておくとキレイに折ることができます。

———————— 切り取り線
- - - - - - - - 山折り線
—・—・—・—・— 谷折り線
← 接着
← 最初に接着

〈用意するもの〉
はさみ、定規、接着剤（木工用推奨）、使用済みのボールペン、接着剤をのりしろに塗る為の爪楊枝、ピンセット。
〈ご注意〉
接着剤やはさみ、ピンセットなど、危険と思われる道具や材料の取り扱いには十分に注意してください。
必ず事前に組み立て説明書をよく読み、図解や完成写真を参考にのりしろをひとつずつ丁寧に接着してください。

1
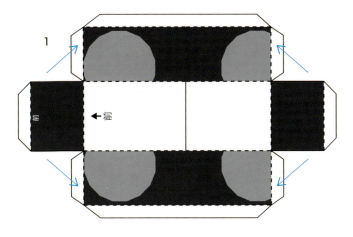

2
フタをする要領で接着します。
「前」の方向を合わせます。
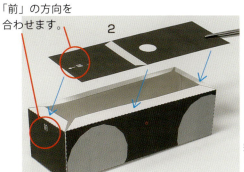

完全に接着されるまで、ピンセットを使ってのりしろをしっかり押さえます。

3
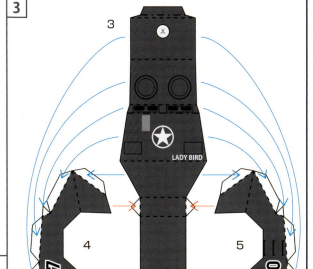

4
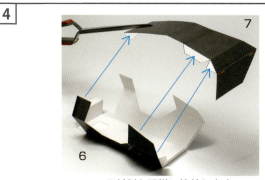
反対側も同様に接着します。

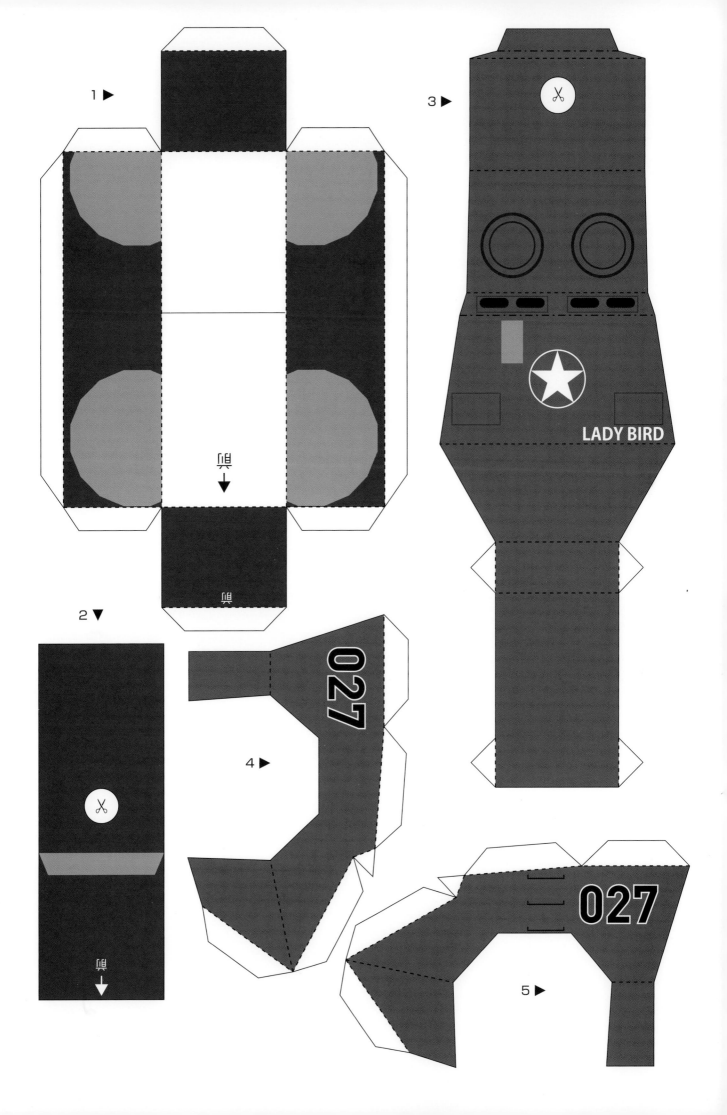

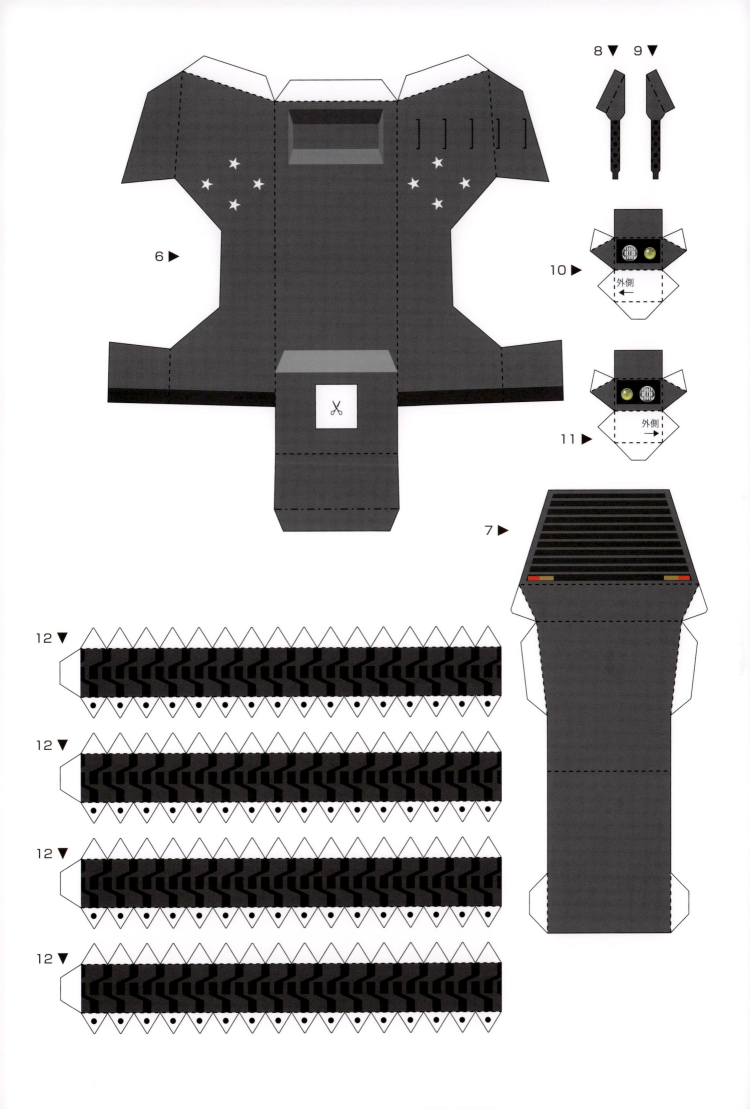

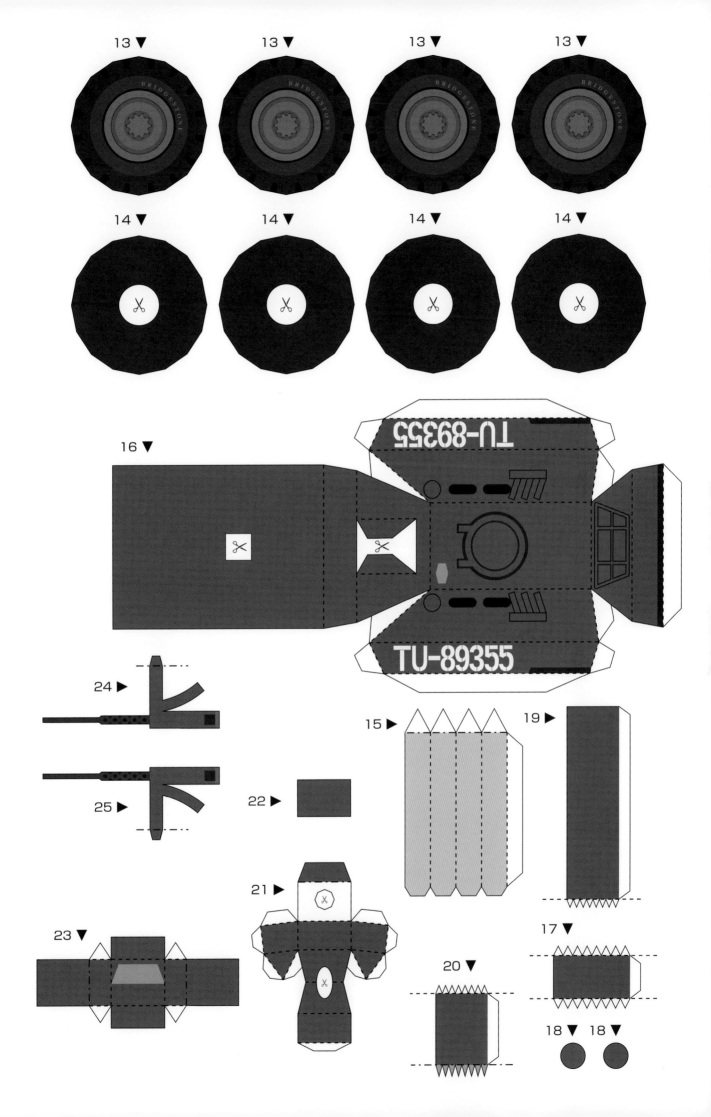

26 ▶

西部警察 LADY BIRD

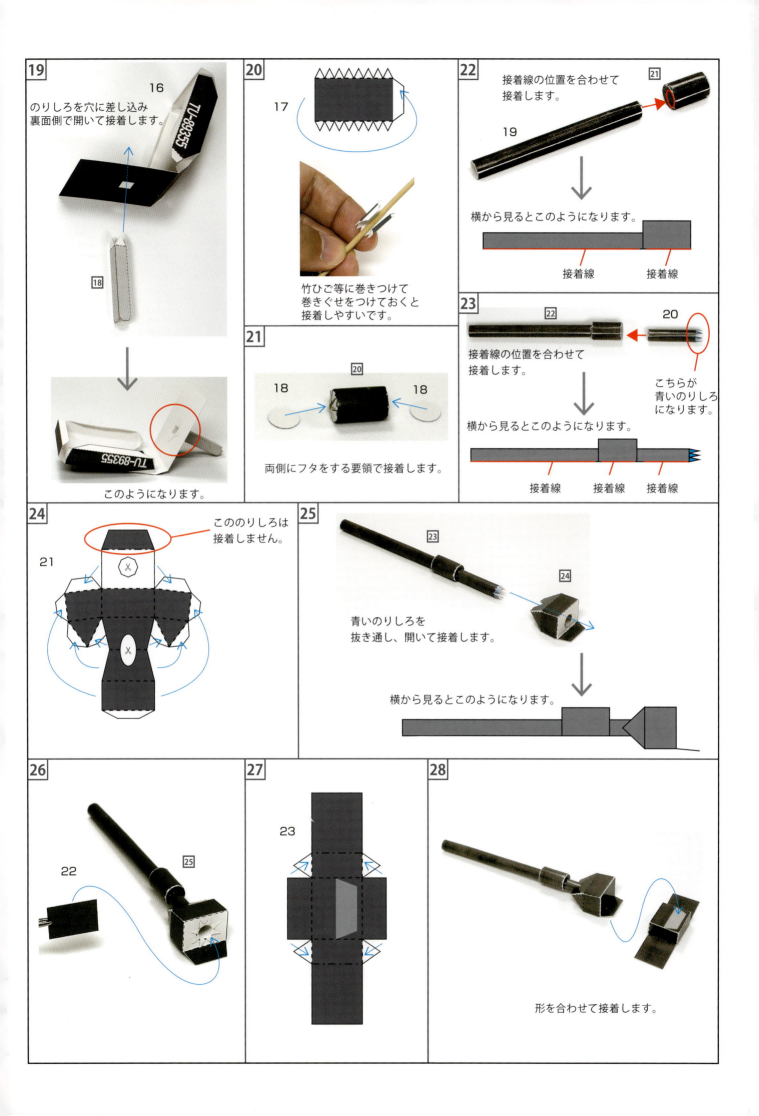

29

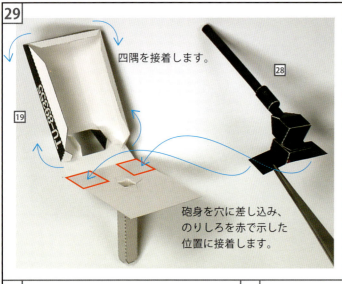

四隅を接着します。

砲身を穴に差し込み、のりしろを赤で示した位置に接着します。

30

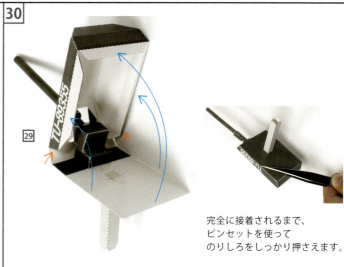

完全に接着されるまで、ピンセットを使ってのりしろをしっかり押さえます。

31

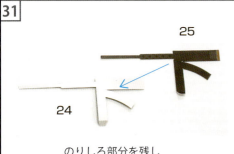

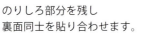

のりしろ部分を残し裏面同士を貼り合わせます。

32

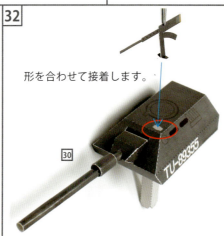

形を合わせて接着します。

33

車体の穴に差し込みます。接着はしません。

34

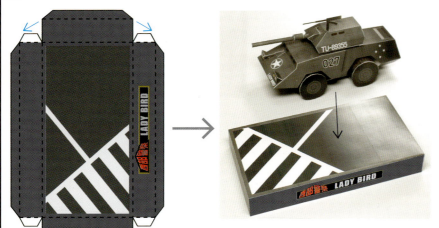

車体を載せて飾りましょう。接着はしません。

完成！

※作例は開発中のものです。紙の質感や色が多少異なります。

展開図設計：紙模型工房（http://papermodel.jp/）
ペーパークラフト作家・久嶋 正裕
ⒸIshihara Promotion